养育自信、独立、喜欢自己的女孩

Raising Girls Who Like Themselves

［澳］凯茜·爱德华兹　［澳］克里斯托弗·斯坎伦◎著　美同◎译

如何在一个苛求女性的世界里养育你的女儿

北京联合出版公司
Beijing United Publishing Co.,Ltd.

图书在版编目（CIP）数据

养育自信、独立、喜欢自己的女孩 /（澳）凯茜·爱德华兹,（澳）克里斯托弗·斯坎伦著；美同译. — 北京：北京联合出版公司, 2024.6
ISBN 978-7-5596-7431-9

Ⅰ.①养… Ⅱ.①凯… ②克… ③美… Ⅲ.①家庭教育 Ⅳ.① G78

中国国家版本馆 CIP 数据核字 (2024) 第 074505 号

Raising Girls Who Like Themselves
Text Copyright ©Kasey Edwards and Dr Christopher Scanlon,2021
First published by Penguin Random House Australia Pty Ltd.
This edition published by arrangement with Penguin Random House Australia Pty Ltd.
Simplified Chinese edition copyright©2024 by Beijing Tianlue Books Co.,Ltd.
All rights reserved.
封底凡无企鹅防伪标识者均属未经授权之非法版本。

养育自信、独立、喜欢自己的女孩

作　　者：[澳]凯茜·爱德华兹 [澳]克里斯托弗·斯坎伦
译　　者：美　同
出 品 人：赵红仕
选题策划：北京天略图书有限公司
责任编辑：周　杨
特约编辑：高锦鑫
责任校对：钱凯悦
装帧设计：刘晓红

北京联合出版公司出版
（北京市西城区德外大街83号楼9层　100088）
北京联合天畅文化传播公司发行
水印书香（唐山）印刷有限公司印刷　新华书店经销
字数175千字　889毫米×1194毫米　1/16　15印张
2024年6月第1版　2024年6月第1次印刷
ISBN 978-7-5596-7431-9
定价：45.00元

版权所有，侵权必究
未经书面许可，不得以任何方式转载、复制、翻印本书部分或全部内容。
本书若有质量问题，请与本公司图书销售中心联系调换。
电话：010-65868687　010-64258472-800

前言

亲爱的父母们：

谢谢你们拿起我们这本书。我们也有两个女儿，姐姐小维（Violet，维奥莱特），今年10岁，妹妹小艾（Ivy，艾薇）正是喜欢独角兽的年龄（也就是5岁）。在这个阶段，我们的两个女儿彼此差异很大。如果有一天她们决定一起背包环游欧洲，那么小维可能会在卢浮宫内评论艺术品，而小艾则会攀爬卢浮宫外的金字塔，对此我们一点也不会感到惊讶。

就像我们之前的每一代父母一样，我们希望我们的两个孩子过得比我们更好——更安全并且机会更多。我们希望她们过得比我们更富有，而且我们说的不仅仅是物质上的富有。虽然一定程度的经济稳定对于安全而独立的生活来说很重要，但是，我们希望我们的两个女儿在精神上也更富有。

我们希望我们的两个女儿能充满好奇心、独立并且雄心勃勃。我们希望她们能做出正确的选择，拥有从"当时看来是个好主意"的决定中恢复的韧性，并且拥有从普通的坏运气中恢复的力量。最重要的是，我们希望她们有勇气做到真实。我们希望她们了解自己，打心眼里喜欢自己。如果把我们为人父母的目标浓缩成一句话，那就是：我们希望养育出像我们无条件地爱她们一样，无条件地爱她们自己的女孩——以及她们将成为的成年女性。

如果我们能做到这一点，那么我们相信其他一切都会随之而来。她们将追求卓越，不是因为她们是被虎爸虎妈逼迫的小虎仔，而是因为她们相信自己有能力做到。她们会远离自己的舒适区，因为她们敢于冒险，因为失败只是她们仍在学习的标志。她们会有信心振作起来，再次尝试。她们会坚持健康的人际关系，因为她们相信自己值得拥有这样的关系。她们会关心自己的身心健康，因为关心自己所爱本就十分自然。她们会与人共情，思想开放，因为她们不害怕自己与别人不一样，也无须通过贬低他人来让自己感觉更好。她们会快乐而坚强，因为她们知道自己是自己最好的朋友和最可靠的后盾。

"是啊，祝你们好运，"我们听到你们这样说，"你们打算在荒郊野外养育孩子，不让她们接触互联网，不让她们接触美容、时尚和减肥行业，不让她们接触校园霸凌，也不让她们接触颐指气使或卑鄙无耻的成年人吗？"

你说得很有道理。

这一代女孩在努力发展并保持一个健康、快乐且安全的自我意识方面面临着让人望而生畏的挑战。和其他父母一样，我们知道情况对我们非常不利。但是，我们拒绝接受这样的观点：捍卫我们的女儿健康成长的战斗已经打完而且我们输了。如果我们不为她们的完好无损并且安全长大的权利而战，风险就太大了。

10年来，我们以笔为矛，揭露性别不平等，并抨击物化和歧视女孩和成年女性的文化。但是，进展过于缓慢，于是，在养育我们的两个女儿时，我们开始专注于我们可以控制的事情——也就是那些我们现在可以做的事情。我们无法凭一己之力根除这种剥夺了众多女孩潜能的文化痼疾，因此我们将注意力集中在了预防和"接种"上面。

我们能做的就是回想我们自己的童年，反思养育领域的种种偏见，破除我们已经习以为常的各种文化规范和刻板印象，与朋友们交谈，犯错误，重新评估（然后再犯更多的错误，再重新评估），并寻找证据，以便在这个经常鼓励女孩自我贬损的世界里，尽可能给我们的两个女儿提供最佳的机会。

我们不是在声称我们的养育方法就是万应灵药。养育女儿没有唯一正确的方法。家庭各不相同，孩子各不相同，我们落实自己养育观念的力度也时强时弱，有些时候，甚至从这一小时到下一小时都在变化。作为父母，我们都知道，我们在疲惫、紧张、忙碌，或者只是需要一些属于自己的时间的情况下认为应该如何养育孩子与我们实际怎么做之间的差距就像美国科罗拉多大峡谷一样巨大。

而且，你知道吗？这没关系。孩子们不需要完美的父母。他们只需要足够好的父母。

我们并不是要写一本专家级的养育手册，在里面列出一系列看似美好实际上却永远无法实现、只会让人内疚的养育规则。相反，我们想要分享我们在养育两个女儿的过程中采取的减轻风险的方法。这是与你面临着同样的养育挑战的一位母亲和一位父亲的观点。这是我们在生活的种种限制和自身不完美的情况下，为养育出喜欢她自己的女儿而在大多数时候努力做的事情。

本书适合家里有从学步期到12岁左右女孩的父母。它将现代养育建议中有关养育女孩的很多要点贯穿起来，帮助你形成符合你们的价值观、适合你们的家庭动态——而且，最重要的，对你们的女儿有用的方法。我们希望为你提供一些新的见解和工具，来帮助你养育你的女儿——同时还能在此过程中为你们带来欢笑，以及我们共同为女儿的未来而战的那种团结一致的感觉和勇气。

凯茜和克里斯

引言

我们为什么写这本书

我们既是研究者和作家,也是父母。自从我们的大女儿小维2009年出生以来,我们就一直致力于寻找养育女孩的最佳方法。起初,我们的调查和分析只是出于个人兴趣:我们希望在力所能及的范围内能成为最好的父母。但是,随着时间的推移,人们开始打听我们的研究成果以及我们在家里如何运用这些研究成果。我们为媒体撰写的养育方面的文章收到了数十万条评论,而且转发次数超过1000万次。我们阅读了数不清的养育方面的书籍和可信的学术研究成果,参加了许多养育方面的研讨会和工作坊,并采访了世界各地的专家。有一天,在一个孩子的生日聚会上,就在我们和其他父母讨论我们的研究成果时,一位朋友说:"我没时间读那么多书。你们能直接告诉我该怎么做吗?"

就在那一刻,我们意识到我们必须写这本书,让其他那些希望养育喜欢自己的女孩的父母们可以轻松获得我们10多年来的研究成果:作为记者,我们拥有难得的特权,可以向世界顶尖的养育、心理、教育和发展专家请教——这是我们聚会上的那个朋友没时间做的事情。

我们只列入了我们认为对养育喜欢自己的女孩至关重要的信息和建议,而且我们注重那些你可以立即用起来的具体措施。

我们不会让你感到难过。老实说,你这一天中根本没有足够的时间来把得到"好父母"头衔所需要做的所有事情都做完。生活繁忙而且复杂。工作要完成,账单要支付。我们两个人都有工作要做,而且我们也没有任何亲人提供支持。本书中的所有策略都已经在我们这个平凡而且不完美的家庭中得到了成功验证。

本书中的建议并非全部都适用于你的家庭。它或许能启发你去思考一种不同但同样有效并且适合你的独特情形的方法,也可能不会。让我们从一开始就确立我们的目标——成为"足够好的父母"。尽管我们会为你提供各种建议和对策,但你可以根据自己的情况加以选择。

女孩们的成绩单

首先是好消息。我们的女孩们比她们的妈妈和阿姨们拥有更多的机会。在教育方面,她们在课堂上表现出色,在高中和大学阶段的学习成绩超过了男生。

今天的年轻女性们有胆有识,而且有能力推动社会变革。瑞典女生格蕾塔·通贝里(Greta Thunberg)发起并且主要由年轻女性组织的"为气候而罢课"(School Strike Climate)运动,让全世界数百万孩子走出校门举行抗议。澳大利亚凯恩斯市的女学生莫莉·斯蒂尔(Molly Steer)为拯救大堡礁而奋斗，并成功说服当地政府禁止使用一次性塑料吸管。巴基斯坦女学生马拉拉·优素福·扎伊（Malala Yousafzai）因为争取女童受教育的权利而被塔利班枪击，如今继续以联合国大使的身份开展这一工作。我们的女儿拥有许多优秀的女性榜样——在音乐、体育和社会活动等领域——来激励她们，赋予她们力量，并向她们展示作为女孩的生活可以如此丰富而精彩。

但是——而且这是一个非常严重的"但是"——我们有太多的女孩不喜欢自己。尽管她们取得了许多成就而且能力不俗，但许多女孩依旧在自信心、适应能力、情绪健康和自我价值方面面临很多困难。以下是我们的女儿们所面临问题的"成绩单"。

"抑郁"测评结果：差
近20%的16~17岁女孩符合抑郁症的临床诊断标准。

"焦虑"测评结果：差
在澳大利亚，7%左右的4~17岁女孩曾经经历过焦虑症。随着女孩年龄的增长，这一数字只会越来越糟糕，每3名女性中就有1名患有焦虑症。

"自残"测评结果：差
25%的14~15岁女孩在过去12个月中有过自残的念头，25%的16~17岁女孩告诉研究人员，她们曾在生活中的某个时刻故意伤害过自己。

"身体形象"测评结果：差
澳大利亚全国进食障碍合作组织（NEDC）发现，在澳大利亚，超过55%的8~9岁女孩对自己的身体不满意，而且到了10~11岁，56%的女孩会试图控制自己的体重。

"进食障碍"测评结果：差

根据蝴蝶基金会①的报告，进食障碍是年轻女性第三大最常见的慢性疾病。10%的神经性厌食症患者在发病后活不过10年。

"身体自主"测评结果：差

51%的女孩说她们经常感受到压力，不得不拍摄并分享自己的"性感"照片。"我们的观察"（Our Watch）组织进行的一项调查发现，62%的女孩和年轻女性同意"女孩经常面临与男友或丈夫做爱的压力"。

这份成绩单足以震惊所有父母。这也是为什么我们要竭尽所能地在我们的女儿年幼时就为她们夯实自我价值根基的重要原因。

为什么会这样？为什么那些看似在充满机遇的世界中畅游的女孩们会被不安全感和自我厌恶所淹没？

因为这个世界对女孩来说是有毒的。我们知道这话说得有点重，但是，现实是，许多女孩在这样一个社会中长大——如果她们不表现得性感，就会被人忽视，如果她们表现得性感，就会被打上荡妇的烙印。瘦而美的压力无处不在，以至于我们不止一次听过小学女生因为觉得穿校服显胖而不敢去上学这样的故事。而且，我们说的并不是小学高年级女生，她们刚刚才

---

① 蝴蝶基金（The Butterfly Foundation），澳大利亚一家致力于预防和治疗进食障碍和形体焦虑的全国性非盈利组织。——译者注

从幼儿园升入小学。

在成长过程中，女孩们被告知她们可以在这个世界上做任何想做的事，但是，她们常常觉得自己必须把事情做得完美无缺。她们容不得错误和瑕疵，容不得不完美。害怕尴尬或被评判，会削弱女孩的潜能，偷走她们的幸福。

女孩很早就知道，生活里无处不是赛场。她们被告知，她们的价值、美貌和成就都来自与身边其他女孩的比较，这就鼓励她们将自己的盟友和朋友视为竞争对手和敌人。大人跟她们说她们非常强大，然后把她们推向一个系统地剥夺她们力量的世界。

很多行业完全建立在女孩对无法达到那些本来就不可能达到的期望的恐惧之上。她们的自我价值被蚕食，然后，当她们的不安全感越来越强烈时，就会有人向她们兜售一种价格不菲的所谓的解决方案。

面对这一切，许多女孩责怪自己辜负了别人的期望，也辜负了自己的期望，这有什么奇怪的吗？

但是，是我们这些成年人辜负了女孩。而且我们这些父母也是最有可能扭转这一"下行螺旋"的人。

喜欢自己的女孩

如果我们的目标是养育一个喜欢自己的女孩，那么这样的女孩应该是什么样子的呢？由于做一名女孩的方式不止一种，喜欢自己的方式也不止一种。那么，我们怎样才能清楚地知道自己想要达到什么目标，以及我们是否已经达到目标了呢？

下面列出的这些特征，相当全面地描绘了一个喜欢自己的女孩可能具备的特质。接下来的章节将逐一介绍这些特征，探讨它们为什么重要、如何才能让你的女儿具备这些特征，以及你可能需要克服哪些障碍。

1. 喜欢自己的女孩拥有力量视角。
2. 喜欢自己的女孩拥有身体自信。
3. 喜欢自己的女孩是自己身体的主人。
4. 喜欢自己的女孩是平静的。
5. 喜欢自己的女孩是独立并能干的。
6. 喜欢自己的女孩拥有稳固的友谊。
7. 喜欢自己的女孩是真实的自己。

你说起话来跟你的妈妈一模一样！

在谈论我们的女儿之前，让我们先做一番自我观察。

没有什么比成为父母更能让你看清楚父母是怎么养育你的了。还没等从医院回到家，一些你长大以后再也没有听到过的话就开始从你的嘴里蹦出来。你猛然发现，你说话的方式很像你的父母。他们逗弄孩子的儿语、表扬和批评，以及哼唱的歌谣都毫不费力地从你的唇齿间吐露出来。那些你以为已经随着酸洗牛仔裤和大虾鸡尾酒①而消逝的价值观，在你意识到之前就涌现了出来。这时，你才意识到："我说起话来跟我的妈妈／

---

① 酸洗牛仔裤，上世纪八十年代流行的一种牛仔裤处理技术，现在已经不流行了。大虾鸡尾酒，一种传统的开胃菜，曾经流行一时，但现在已经被认为过时了。——译者注

爸爸一模一样！"

这也许是一件非常好的事情。

也许你拥有可以想象的最好的父母。你的父母可能把你培养成了热爱生活、独立自主和有极强共情能力的人。如果你的孩子能有你一半好，那你一定会和他们击掌相庆。

但是，对于我们当中的许多人来说，事情要复杂得多。

我们并不是说你的父母做得不好，但是，你越是了解父母养育你的方式，就越有可能在养育自己的女儿时做出更明智的决定。在某些情况下，你可能很乐意采用与你的父母完全相同的方式来养育你的女儿。而在另一些情况下，你可能想要做出不同的选择。当你意识到自己在养育子女的过程中所背负的包袱时，你就能更好地选择保留哪些做法，舍弃哪些做法。

我们都曾试图丢掉从自己的童年带来的很多"包袱"。有些我们已经抛弃了，很多还没有。但是，意识到你的"包袱"的好处是，即使你可能仍然带着它到处走，你可以选择不在孩子面前打开它。

对爸爸们说的话

你们中的许多人并不知道自己有多么重要。

过去人们认为，父亲的工作从始至终就是成为一个好的供养者。好供养者=好父亲。这种看法大错特错，而且女儿们也因为这种想法而深受其害。

作为一个有责任心、有爱心的父亲，你可以：

・增强你的女儿的自尊心，并教给她相信她自己

检查你的"包袱"

你从童年带来的"包袱"是什么?

- 在教育和职业方面,你是根据自己的梦想和激情做出决定,还是按照父母的意愿行事?
- 在恋爱关系方面,你是遵从自己的意愿,还是试图取悦父母?
- 你的父母是让你觉得自己已经足够优秀,还是说,你不得不变得更优秀或与众不同才能取悦他们?
- 你的家人允许或鼓励你犯错误吗?你犯的错误会让你的父母皱眉头或者让你们之间关系紧张吗?你的父母曾经承认过自己的错误,并为之道歉或原谅自己吗?

作为父母,你的"包袱"是什么?

- 瘦而美的女孩比不瘦也不美的女孩好吗?
- 女孩应该在大部分时间里都表现得可爱又顺从吗?
- 你暗自认为男人比女人更聪明而且更能干吗?
- 如果你的女儿的兴趣和价值观与你不一样,你会失望吗?
- 你有时候会为了不想感到尴尬或被其他孩子的父母、你的伴侣、你自己的父母或姻亲、养育专家甚至完全陌生的人的评判而做出养育方面的决定吗?
- 你认为关于性别的刻板印象是"自然的",因此无法改变吗?
- 你真的"只希望你的孩子快乐"吗?
- 当你的女儿让你感到骄傲时,你发现自己会用更多的爱和关注来奖励她吗?
- 你女儿现在已经足够优秀了吗?
- 你暗自希望你的女儿是个儿子吗?

- 极大地影响你的女儿对未来伴侣的选择
- 对你的女儿如何看待自己的身体产生积极影响
- 提高你的女儿的学业表现
- 教给你的女儿批判性思维和自立能力
- 降低你的女儿罹患进食障碍、焦虑症或抑郁症的可能性

研究确定无疑地表明：好爸爸造就优秀的女儿。但是，由于从来没有做过女孩，而且也许幼时甚至从未与女孩一起玩过，有些爸爸可能不知道该从何处入手。我们写这本书不仅是为妈妈们写的，也同样是为爸爸们写的。但我们注意到，由于种种原因，我们认识的爸爸们比妈妈们更少阅读养育类书籍。如果你不属于这种情况，请继续读下去。如果你确实属于这种情况，你可以翻到每一章的末尾，在那里我们列出了爸爸们可以采取的很多行动。这些行动对于养育喜欢她们自己的女孩将产生巨大影响。我们知道你很忙，但是，请往回翻几页，看看"女孩们的成绩单"，想想女儿面临的危险。花几分钟时间，阅读每章末尾的"爸爸怎么做"，你会得到一些建议和策略来让你女儿的生活变得大不相同。

目 录

第1章 喜欢自己的女孩拥有力量视角

力量视角是看待现实的方式,而非现实本身……拥有力量视角的孩子不仅童年过得更快乐,成年后也拥有更高的自尊……好消息是,力量视角是可以练习的,而且,对其影响最大的,是日常生活中那些不起眼的小事……

纱窗的力量 / 1
力量视角的力量 / 4
力量视角不是老调重弹 / 5
你拥有什么视角? / 6
天生如此? / 7
培养力量视角 / 8
缓和灾难化表达 / 13
避免灾难性思维 / 14
关注"爬起来"而非"摔倒" / 15
当你向星星许愿时……什么都不会发生 / 16
暗示与提出要求 / 17
避免评判 / 18
对待批评 / 21
对年龄小的女孩:长颈鹿法 / 22
对年龄大一些的女孩:卡片法 / 23
爸爸怎么做 / 24
本章要点 / 24

第2章 喜欢自己的女孩拥有身体自信

大多数女性都对自己的身体不满意……不良的自我身体形象会影响她们生活的方方面面：她的心理健康、身体健康、自尊、人际关系、事业心，甚至财务状况……你的女儿如何看待自己的身体形象是决定她能否喜欢自己、能否过上美好生活的关键因素……

身体焦虑不是天生的 /28

身体自信为何重要 /29

对自己的身体形象不满会影响生活质量 /30

瘦而美或许也徒然 /31

身体自信不会让女儿"不注意自己的形象" /33

控制女儿的身材和食欲不会有好结果 /33

身体自信与爱自己的身体不同 /35

赢得比美游戏的唯一办法是不参与 /35

什么是真正的身体自信？ /36

有时候，即便圣诞老人也会犯错 /38

对男孩说话像对人说话，对女孩像对洋娃娃 /39

如何与女孩交谈 /40

淡化、转移和做出榜样 /41

重新思考体重 /42

忘掉体重 /43

"可如果女儿肥胖，我不该告诉她吗？" /44

如果你认为女儿的体重超过自然体重怎么办？ /46

如何帮助你的女儿接纳她的身体 /47

如果女儿因为"胖"而被嘲笑怎么办？ /48

为青春期前期的发胖做好准备 /50

尽量减少接触有毒信息 /51
身体自信的关键是信任 /54
没有好食物和坏食物，只有食物 /56
食物与情绪 /58
摆脱节食文化 /59
运动应该是快乐的 /61
身体自信的家庭氛围 /62
爸爸怎么做 /64
本章要点 /66

第3章 喜欢自己的女孩是自己身体的主人

所谓的身体自主，指的是我们所有人，包括儿童在内，都是自己身体的主人，都有权做出关于自己身体的决定。这尤其适用于女孩，以及她们成年后要成为的女性……

身体自主 /68
身体自主埋念的指导原则 /69
身体所有权的指导原则 /70
"伤害"不只是身体上的 /72
但是，现在的孩子是不是过于早熟了？ /74
小女孩与亲吻 /77
用击掌代替亲吻 /78
反应过度了吗？ /79
身休所有权需要练习 /81
三分之一的人认为你女儿的身体不该由她做主 /83
她的身体所有权比你的舒适感更重要 /84

用正确的名称称呼所有身体部位 /85

确保你的女儿了解生殖器的外观 /86

自慰 /88

自慰要讲究时间和地点 /89

为了女儿，你要克服自己的胆怯 /90

爸爸怎么做 /90

本章要点 /91

第4章 喜欢自己的女孩是平静的

所谓平静，指的是为女孩们创造一种生活，让她们有时间和空间摆脱自我提升的紧张而重复的生活方式，享受更多没有预先安排的时间。她们可以做孩子，而不是学习机器……

为什么现代养育方式像填鸭？ /95

你的女儿真的会错过吗？ /97

"可是她喜欢" /98

可是，承诺怎么办？ /99

玩耍的重要性 /100

玩耍是童年的"工作" /101

如何重新获得空闲时间 /103

补习的"军备竞赛" /106

补习真的有效吗？ /107

家庭作业 /110
如果它是一个学生，它的成绩会不及格

阅读 /113
对家庭作业"放手"政策的唯一例外

围绕屏幕设备的大争论 /116

睡眠 /122

爸爸怎么做 /125

本章要点 /127

第5章 喜欢自己的女孩是独立并能干的

"你真棒!"之类的溢美之词并不能让你的女儿喜欢自己。喜欢自己是从内心发芽,并在技能这一肥沃土壤中成长的……父母的一大职责,是培养女儿的技能和独立性,然而,让女孩对自己感觉良好的不是言语,而是行动。而且,关键是她们的行动……

"你真棒!"式养育方式 /130

"你真棒!"式养育存在的问题 /132

掌握技能的关键 /133

鼓励女孩自己说 /135

不要每次都到场 /136

但是,当事情很重要时怎么办? /137

孩子们的超能力:他们对一些事情是无知的 /139

庆祝失败 /140

完美主义的诅咒 /143

失败不等于是一个失败者 /144

让你的女儿承认她的成功 /145

比较与竞争的迷思 /146

运用表扬促进技能的掌握 /149

做好被孩子拒绝的准备 /151

爸爸怎么做 /153

本章要点 /153

第6章 喜欢自己的女孩拥有稳固的友谊

很多人发现，对孩子的学习成绩影响最大的，是孩子们的社会能力……拥有牢固且深刻的人际关系的女孩身心更健康，幸福感更强，在学校表现更好……社会能力和交朋友的能力不是随着你女儿长大就能自然具备的，她需要一些具体的指引……

我们真的需要教给孩子社会技能吗？ /156

眼睛很重要 /157

交谈的艺术 /159

让你的女儿说话 /160

做朋友不等于做相同的人 /161

友谊是一种选择 /162

什么样的朋友是益友？ /164

我不再是你的朋友了！ /166

解决冲突的魔法公式 /168

我们应该介入孩子们与朋友的冲突吗？ /169

遭到霸凌怎么办？ /171

如果你的孩子霸凌别人怎么办？ /172

增强与可以信任的成年人的关系 /174

可以信任的成年人与保密 /175

增强你与女儿的关系 /177

爸爸怎么做 /179

本章要点 /180

第7章 喜欢自己的女孩是真实的自己

一个喜欢自己的女孩必须被允许成长为她选择成为的那个人最好的样子，而不是成为别人为她选择的样子……在本章，我们将探讨如何让我们的女儿发现、培养并喜欢她们真实的自我……审视你可以用来养育女儿的方式……

石头式养育与种子式养育　/181

让她的优势绽放　/183

你女儿的优势　/185

表扬不能抵消批评　/188

"好女孩"综合征　/189

如何培养"真实的女孩"　/192

充分利用发脾气的机会　/195

注意时间和场合　/197

爱，不附带任何条件　/198

大声说出来　/200

分享　/201

养育你的孩子，而非你期望的那个　/201

爸爸怎么做　/203

本章要点　/204

结　语

附　录

致　谢

第1章

喜欢自己的女孩拥有力量视角

纱窗的力量

你小时候玩过纱窗游戏吗？没玩过？

对于那些童年比我们更兴奋一点的人来说，游戏规则——如果可以这么说的话——非常简单。玩游戏时，把注意力集中在纱窗上，注意纱窗上的污垢和偶尔出现的死昆虫。如果你足够专注，你就只能看到这些。然后，放松视线，转换视角，越过纱窗往外看。如果你这样做的时间足够长，外面的世界最终会出现在你的视线中，你再也看不到纱窗了：障碍、束缚、污垢和死昆虫都会消失，外面的世界会清晰地出现在你的视线中。

纱窗游戏是一堂关于感知的实践课。它告诉我们，你看到的就是你关注的。而你关注什么，就会看到什么。你可以选择看到限制你的纱窗。或者，你也可以选择看到纱窗之外的世界。

纱窗游戏充满了禅意（带着郊区风情）。但是，这和养育女孩有什么关系呢？

确实有关系。

你关注的东西决定了你如何看待这个世界以及如何做出回

应。两个人面对完全相同的情况，却会因为视角不同而做出完全相反的回应。

请看下面的例子。两个女孩第一次参加学校的夏令营。她们能力相当，要与同一群人去同一个地方。她们会参加同样的活动，吃同样的食物，睡同样的帐篷，也同样会熬夜吃太多棒棒糖，而且惹老师生气的程度也差不多。

但是，她们的态度却截然不同。一个孩子蹦蹦跳跳地上了车，兴高采烈地差点忘了给父母一个告别吻。而第二个孩子则又害怕又焦虑。她哭闹不止，呼吸急促，紧紧抱住妈妈，需要妈妈从腿上把她拽下来才能上车。

在其他条件相同的情况下，这两个女孩行为不同的一个关键原因是她们看问题的视角。第一个女孩拥有我们所说的力量视角。她不害怕未知事物，因为她相信自己有内在的力量和能力去应对夏令营中发生的一切。第二个女孩尽管拥有同样的能力，却感到无能为力，对未知事物感到恐惧，担心自己无法应对。

养育喜欢自己的女孩的一个重要方面，就是帮助她们树立正确的价值观。这是觉得被"一生中最大的错误"击垮与把错误看作是不可避免的又一次学习机会，而且下次会做得更好之间的区别。这是站在山脚下，认为山是不可逾越的，所以没有必要去尝试，与认为你最好开始行动，因为这可能需要一段时间之间的区别。那些拥有力量视角的人，也就是心理学家所说的"内部控制点"[①]（internal locus of control）的人相信他们对

---

① 控制点（Locus of control），也称内外控倾向，是心理学的一个概念，最初是 1954 年由美国社会学习理论家朱利安·罗特（Julian Bernard Rotter）提出，旨在对个体的归因差异进行说明和测量。对一些人来说，个人生活中多数事情的结果取决于个体在做这些事情时的努力程度，所以，这种人相信自己能够对事情的发展与结果进行控制。此类人的控制点在个体的内部，称为内控者。对另一些人

自己如何应对这个世界负有主要责任。他们相信生活中的挫折是暂时的，是可以控制的。他们能从挫折中迅速恢复，因为他们确信自己能够解决——或者至少能够面对——自己的问题。他们不会被当前的情形或环境拖累，而是寻求改变它们。

拥有力量视角的人对待生活充满信心，可以尝试任何事情。请注意"尝试"这个词。他们并不认为自己一定能成功。生活不一定会按计划进行。事实上，生活很可能会出现意外。而意外可能就像被你女儿遗忘在书包里、正在腐烂的梨子一样。但是，即使生活中不可避免地出现了问题，拥有力量视角的人仍然相信他们会没事。那些拥有力量视角的人会支持自己。他们相信自己的判断，而不是听从同龄人和有权势的人的意见，也不相信生活是由好运气/坏运气和机遇决定的。

拥有力量视角的人很少担惊受怕，因为他们相信，即使事情的发展不尽如人意，他们也能影响生活中的结果。在那些他们无法控制结果的情况下（如亲人去世、罹患疾病和遭遇不公），他们也相信自己有内在的力量和能力来应对任何事情。

有很多原因可以说明为什么力量视角对女孩来说十分重要且有益，我们将在本章后面的部分讨论。但最重要的原因或许是，力量视角只是一种观点。它不是现实。它是我们告诉自己的关于现实的故事，是我们对自己描述这个世界的方式。它说明我们认为什么重要，说明我们认为谁的意见重要。它说明我们看到的杯子是半空的还是半满的。同样的杯子，同样的内

来说，个体生活中多数事情的结果是个人不能控制的各种外部力量作用造成的，他们相信社会的安排，相信命运和机遇等因素决定了自己的状况，认为个人的努力无济于事。这种人倾向于放弃对自己生活的责任，他们的控制点在个体的外部，称为外控者。——译者注

容。但看待它的方式却完全不同。我们所经历的一切，都通过我们自己对世界的理解和描述来过滤。

如果我们的女孩不从力量视角看待这个世界，那么从某种程度上说，现实给她们带来什么并不重要。无论是好事还是坏事，她们都会从自己无能为力的角度去解读。如果日常的挫折都把她们压垮，或者如果她们透过消极的阴霾看自己的未来，那么她们就会带着恐惧和害怕去面对未来。同样，如果她们取得了令人惊叹的成功，但她们相信自己的成就不过是运气好而已，或者认为够不上她们的完美主义标准，那么她们也很可能相信自己是失败者。

这就是为什么要想培养一个喜欢她自己的女孩，看问题的视角非常重要。在本章中，我们将告诉你如何培养你女儿的力量视角，让她在成长过程中变得乐观、勇敢和自立。

力量视角的力量

正如我们已经说过的，力量视角是关于感知的。它与现实本身无关。但这种视角——我们的女孩对待世界的方式——对她们的健康和幸福有着非常真实的影响。拥有力量视角（或内部控制点）的孩子不仅可能拥有更快乐的童年，而且在成年后也会拥更高的自尊。那些拥有力量视角的人比那些在生活中感到无能为力的人适应能力更强，也更容易取得成功，这一点也不奇怪。他们工作更努力，因为他们相信自己的努力会有回报，而且即使在前进的道路上会遇到挫折，他们最终也将实现自己的目标。

力量视角的好处不仅体现在心理方面。拥有力量视角还能改善一个人的身体健康。例如，那些乐观且觉得自己有力量的成年人更少得心脏病，全因死亡率也更低。他们还更少患感冒和流感，更少发炎。

与内部控制点相对应的是外部控制点（你一定猜到了）。那些拥有外部控制点的人相信，他们的生活在很大程度上由偶然事件、命运、运气或比他们更强大的人决定。这些更强大的人可能是老师或父母，但也可能是有影响力的同龄人、名人、社交媒体"网红"或广告商。

从自己无能为力的视角看待世界的人往往比较悲观，容易产生无助感。与拥有力量视角的人相比，他们也更容易患抑郁症。他们很可能在学校里成绩不好，在职场上也表现不佳。如果我们的女孩具有外部控制点，她们就更有可能患上恐慌症、焦虑症和抑郁症，因为她们不相信自己能掌控自己的生活。如果你不相信自己有能力应对生活中的各种变故，那么这个世界确实会显得非常可怕。从自己无能为力的视角看问题的悲剧在于，它阻止人们采取措施改善自己的处境。如果你相信自己会失败，而且一切都会变得一团糟，那么努力又有何意义？

力量视角不是老调重弹

坦率地说，力量视角的理念并不只是那种庸俗的励志废话的翻版。那些庸俗的励志废话说，你，而且只有你，才能控制你的生活。力量视角并不是像一些励志大师喜欢声称的那样，只是把积极的想法抛给宇宙，然后什么也不做，坐等宇宙给你"富足"。事实上，仔细想想，那种认为宇宙会神奇地给你想要的东西的想法恰恰与力量视角背道而驰，因为它仍然假定有一种外部力量在控制着你的生活。当然，拥有力量视角并不能确保成功。但它确实能提高成功的概率。原因很简单，那些认为自己有机会得到想要的东西的人更有可能采取可能走向成功的行动。

你拥有什么视角？

测验时间！要想养育一个拥有力量视角的女孩，第一步就是要了解你自己是如何看待这个世界的。请尽可能诚实地回答下面的问题。如果你的女儿已经足够大了，你可以让她也来回答这些问题，以了解她是如何看待这个世界的。

当你在考试中取得好成绩时，你：
A.把这一成功归功于自己的能力和努力。
B.把这一成功归功于运气、考试容易或老师喜欢你。

如果有人批评你的作业，你会：
A.自己决定作业的质量。
B.认为他们一定比你懂得多，并思考如何修改你的作业。

遇到一个新的未知情形，你：
A.对踏入未知世界感到兴奋，相信无论发生什么，你都会没事。
B.担心一切可能出错的事情，并为如何应对而紧张。

当你犯错误时，你：
A.从中吸取教训，以便将来做得更好，接着继续前进。

B.把它当作你有点无能的证明，并因此觉得自己很差劲。

如果你对以上所有问题的回答都是A，那么你就拥有力量视角。你相信自己有能力影响生活中发生的事情。如果你对某些问题的回答是B，则表明你在生活中的某些方面感到无助和无能为力。这并不意味着你的能力或技能比不上那些回答A的人——你只是认为自己不如他们。

天生如此？

如果你和你的女儿已经是拥有内部控制点的人，并且能乐观地看待世界，那么拥有力量视角所带来的所有这些好处是很棒的一件事。但如果情况不是这样呢？如果恰恰相反，你的女儿倾向于把世界看成一个可怕的地方呢？她生来就是这样吗？她会永远觉得自己无能为力吗？

好消息是，我们的视角并不是固定不变的。越来越多的证据表明，我们的视角是可以改变的。孩子和成年人都如此。孩子甚至比成年人更善于学习如何扭转他们的无益思维，并培养一种力量视角。记住，力量视角只是一种视角。它不是现实。就像你可以通过转移关注点来改变你对某个事物的看法一样，你也可以通过决定以不同的方式看待生活来改变你看待世界的方式。你叮以训练自己——以及你的女儿——通过力量视角来看待生活。形成力量视角的态度和倾向是可以学习的，也是可以培养的。

我承认，这话说起来容易做起来难。我们当然不想暗示，那些没有力量视角的人只是选择了一种使他们丧失力量的方式来看待这个世界。你的女儿或者你可能有充足的理由这样看待世界。你可能经历过可怕的痛苦和失去。克服这些并不是一件轻而易举的事。最有可能的是，从来没有人教过你如何培养力量视角。力量视角是一种技能，就像其他技能一样，但是，与学习阅读技能不同，它很少成为儿童教育的重点。

需要明确的是，拥有力量视角的人并不是中了基因彩票。他们并不比拥有外部控制点的人更聪明、更有技巧或更有能力。他们的生活也并非没有麻烦或问题。他们和其他人一样要经历痛苦、焦虑、失败和艰辛。只是他们找到了一种对现实更有帮助的视角。他们的思维方式对自己有利，而非拖他们的后腿。

培养力量视角

与生活中的大多数事情一样，力量视角的培养并不是在一个决定人生的重大时刻完成的。对培养这一视角影响最大的，是日常生活中那些不起眼的小事。我们会留意日常生活中的机会，让女孩们培养和实践自己的力量视角。

选择关注点

我们教给两个女儿，她们有能力通过选择自己的关注点来选择自己的经历。她们可以关注生活中所有积极的事情，让自己感觉良好；也可以关注消极的事情，让自己感觉糟糕。生活中有些事情真的很糟糕，会让任何人痛苦不堪，但很多时候，这是一种选择。我们告诉她们，她们有能力改变自己的想法，改变自己看问题的视角，选择对自己和生活产生良好感觉。

例如，有一年，小艾不小心弄坏了小维的一件生日礼物。更糟糕的是，就发生在小维拆开那件礼物的几分钟后。你可以想象，小维当时哭得多么伤心。我们的第一反应是告诉小维，我们会再给她买一个玩具，但是，这样做虽然能在短期内减轻她的痛苦，可匆忙介入去解救她则会削弱她的力量视角。

相反，我们给了小维表达愤怒和悲伤情绪的机会。我们告诉她，是的，玩具坏了让她很失望，但这是无法改变的。但是，她有能力改变的是她的视角。她可以选择关注坏了的礼物，难过一整天；她也可以选择想想发生的所有美好的事情——她的派对、她的其他礼物、所有爱她并想和她一起庆祝生日的人。她有能力决定自己是想在快乐和感激中度过这个生日，还是在悲伤中度过。

"关注你拥有的，而非你没有的"是我们给两个女儿的一个重要观念。当她们回到家，想要收集最新的小塑料玩具——那些新鲜劲儿一过就会成为垃圾的东西，这句话就变得特别有用。在这种情况下，我们会告诉两个女儿，她们可以把关注点放在她们没有的玩具上——我们也不会去买——从而感到痛苦，或者她们也可以想想她们拥有的那些可爱的玩具，从而感到感激和满足。

更重要的教训是，情绪不是偶然产生的。你可能会莫名其妙地突然感觉不好，或者一个外部事件让你感觉不好。这可能是别人的一句话或一个眼神，也可能是一次糟糕的考试分数。但是，在触发事件和产生感觉之间还有一个步骤，那就是你对事件的想法。正是你对事件的想法决定了你对事件的感受。例如，回想一下参加夏令营的两个女孩。想象一下，她们到达营地，却发现不能和最好的朋友同睡一个小屋。拥有力量视角的女孩可能会失望一小会儿，但随后会确定这是一个结交新朋友的机会。即使交不到新朋友,她在白天也能见到自己的好朋友。而没有力量视角的女孩可能会因为睡觉安排的改变而苦恼,并据此认定这个夏令营真的很糟糕,而且她肯定会过得很糟糕,并讨厌在夏令营的每一分钟。同样的情况,会让一个女孩振奋,也会让另一个女孩崩溃,区别就在于她们是如何看待这件事的。

培养力量视角的关键是理解想法与感受之间的关系。我们的感受随着我们的想法而变化。在夏令营中,面对更换小屋的问题,拥有力量视角的女孩认为这可能是一个交朋友的机会。即使没有交到朋友,她也认为自己在白天会玩得很开心。因此,她感到快乐、满足和兴奋。相比之下,没有力量视角的女孩则认为,睡觉安排的改变证明夏令营的情况越来越糟。这些想法很可能会引发不快乐和焦虑的情绪。

如果我们能训练我们的女儿拥有更积极、更有力量的想法,她们就将拥有更积极、更有力量的情绪。

将积极的想法放在第一位

开始培养女孩的力量视角的一个行之有效的方法是"进展顺利的事情"练习!做这个练习时,你只需在睡觉前留出十分钟,写下一天中进展顺利的三件事。然后,再加上进展顺利的原因。你的清单上写的不必是惊天伟业。你不一定要发现治疗癌症的方法、获得了奥斯卡奖或解决了气候危机。诸如"我们今晚吃了一顿愉快的家庭晚餐,因为我把它放在了第一位。"这样简单的事情就很好。对于你的孩子来说,可以是"今晚我吃了烤鸡,因为我问了妈妈,她同意了"。你不需要每晚都要求你的女儿列出一个进展顺利的事情的清单。相反,可以经常提醒她们想想哪些事情进展顺利。例如,在接孩子放学后,问她们:"今天发生的最棒的事情是什么?"接着问她们为什么是好事,她们在其中扮演了什么角色。在每个学期、学年、周末或假期结束时,我们都会问这些问题。

通过关注积极的事情而非总盯着消极的事情,来认可那些即使看上去微不足道的日常小成就,是训练你的女儿更乐观地思考的一种方法。"进展顺利的事情"练习是由拥有45年研究与临床经验的心理学家马丁·塞利格曼(Martin Seligman)提出的。他说,如果你坚持练习一周,"那么从现在起六个月后,你很可能会不那么抑郁,会更加快乐,还会迷上这个练习。"

有力量的表扬

"进展顺利的事情"练习之所以成功,一个关键因素是能动性。谈论别人做的好事或偶然发生的好事虽然也是件乐事,却无助于力量视角的培养。力量视角来自内心——你女儿为自己做了什么才是最重要的。在表扬女儿时,我们也同样要关注她们的能动性。只要应对得当,我们就能强化她们的力量视角,并有助于防止她们变成总是寻求表扬的人。

对于女孩们来说,寻求父母和其他成年人的表扬是很正常的。她们会给我们看她们的画、用乐高积木搭的东西、学校的作业,然后问:"你喜欢它吗?"我们常常回答(如果我们诚实的话):"真不错,宝贝。"可我们心里却在想:"嗯,这到底是什么?"身为父母,我们倾向于告诉孩子,她们和她们做的每一样东西都是很棒的。

可是,热情地表扬你的孩子取得的每一项成就,对他们培养力量视角未必有好处。因为这么做只会让她们更加依赖别人的认可,强化别人的看法比自己的看法更重要的观念。在这个

凯茜的故事

我有自己版本的"进展顺利的事情"练习，多年来，我一直成功地使用它来培养和保持我的力量视角。我开玩笑地称它为"FIGJAM清单"[意思是"去他的，我很好；问我就行"（Fuck I'm Good; Just Ask Me）]，这是我从罗伯·凯利（Rob Kelly）的《活得更好》（Thrive）一书中学来的。

我的方法是这样的：我在手机里设置了一张清单，来记录我的生活中发生的好事以及这些好事对我的影响。我还会想象如果我把这些好事告诉我最好的朋友，她会怎么说。例如，我可能会写道："我今天很高产。我写了1000个字。"然后我会想象我朋友的反应并写下来，比如："干得好。你很努力，你的书很快就能写完了。"再比如："虽然我不想去，但我今天还是去健身房健身了。干得好，我在关爱自己。"

我几乎每天都会往这份清单里添加内容，并阅读它。当我情绪低落时，或者当我感觉到自己又回到了以前那种自己无能为力的无益的思维模式时，我就会阅读这份清单。我在电车上读，在等着接女儿的时候读，在办公桌前休息的时候读。

几年前，当我有意识地选择将我的外部控制点转变为力量视角时，我就开始做这个练习。在我的成长过程中，我一直任由父母、同龄人、后来的上司，甚至是陌生人的意见来决定我是否有价值，我的工作是否足够出色。我的身体长大了，可我内心里还是个小女孩，还在等待大象印章来证明我是一个好女孩（详见第189页）。我可以毫不犹豫地说，我的FIGJAM清单帮助我控制了自己的想法，让我生活得更有力量。

这个练习看起来过于简单，甚至有些幼稚。但它给我的思维和幸福带来了深远且持久的好处。我认为，把这种技能传授给我的两个女儿，是一份可以让她们终身受用的礼物。

过程中，它可能不利于你的女儿形成力量视角。

不过，有一种表扬孩子的方法，能同时鼓励其力量视角。具体做法是：不要简单地表扬她的作品，而要抓住机会就其问题反问孩子。当她问你："你喜欢我的衣服／跳的舞／翻的跟头／画的画吗？"时，你可以反过来问她："你喜欢你的衣服／跳的舞／翻的跟头／画的画吗？"

如果女儿说"喜欢"，我们就可以告诉她，这是她的作品，所以，她的看法最重要，她应该为自己感到骄傲。如果她说"不喜欢"，我们就可以问问她下次想怎么改进，同时告诉她练习的重要性。

从更大的方面来说，这么做似乎有些无关痛痒。然而，想想你的孩子每周向你寻求多少次表扬吧。这会让我们有成千上万次机会来教给孩子拥有力量视角，并巧妙地告诉我们的女儿，她对自己的成就、行为和外表的看法比任何人的看法，甚至是我们的看法都重要。

缓和灾难化表达

除了寻求表扬之外，另一件每天都发生并且能对我们树立或破坏一个女孩的力量视角产生影响的事情，是我们如何对待女孩的灾难化表达。

灾难化表达是指让小事（有时即便是大事）显得比实际情况糟糕得多。尤其是女孩，往往会从灾难化表达中获益。她们会因为表现出弱小和脆弱而获得大量关注。环顾一个操场，你会看到很多女孩在没有受伤的情况下也会哭泣，因为她们会得到特别的关注。她们会假装害怕，因为她们在得到安抚的过程中会得到更多关注。这些行为经常在电视剧和电影中出现，其中的女性角色往往一副动辄尖叫、束手无策的样子。当我们的女孩花时间观看其他女孩的灾难化表达，无论是在电视上还是在操场上，她们就更有可能表现得比平时更加脆弱和无力。

你很容易就能从孩子的用词里发现这种灾难化表达。注意寻找"没法"、"都是"、"永远"、"最差"、"从来"、"所有人"等表达。她们会说："我画的独角兽最差。""这个游戏我永远也赢不了。"或"所有人都比我跳得好／扔得远／跑得快。"这些都是"绝对"的词语，它们让孩子完全看不到看待和理解事情的其他方式。"都是"意味着绝无例外。"永远"意味着永不改变。"所有人"意味着地球上的每一个人。"最差"意味着比所有人都差。

一旦使用了这些词汇，女孩就会看不到看待事情的其他方式，也看不到她们将来做出改变的可能。而且，由于这些绝对的词汇排除了各种可能，问题就会被放大，女孩就会觉得孤独无助，觉得自己没有能力改变当下的境况。她们就会成为她们控制不了的外部事件的倒霉蛋和受害者。

避免灾难性思维

挑战灾难性思维的一个好方法是质疑女孩所使用的那些绝对的词汇，并开始将它们破除。例如，提醒女儿，一切不如意都是暂时的。如果女儿说她度过了"这辈子最难过"的一天，我们就要问她，这真的是她这辈子最糟糕的一天吗？还是说，这只是很普通的一天，而且每天都是新的一天？同样地，我们也不能任由她困在她画画（或其他事情）"最差劲"的想法当中，而要帮助她转变看法，及时认清现实。例如，我们可以帮她把"我数学很差"转变为"我现在觉得数学很难，但我正在学习"。实际上，与她用的绝对词汇相比，这种说法才更准确地描述了她的能力。同时，这种看待现实的方式也能抑制灾难性思维，让她意识到，困难再大也是暂时的，而且更关键的是，只要努力就可以改变现状。我们可以提醒我们的女儿，她过去遇到过很多困难的事情，但是，通过练习，她现在都能轻松应对了。例如，写自己的名字、朗读、骑自行车或玩滑板车。

在孩子看来，绝对的词汇似乎放之四海而皆准——适用于每个人和每件事。而且，由于普遍适用，它们也能影响生活的所有方面，左右女孩对自身和自身能力的看法。女孩可能会认为，一件事情做不成，那就说明她做其他事情也会失败。例如，"我朗读不如朋友，我太笨了"。你可以帮助你的女儿就事论事，消除灾难性思维。也许她只是朗读得还没有像朋友那么好。但是，假以时日和练习，她很可能会迎头赶上。即使她赶不上，那能说明其他所有事情她都做不好吗？

如果她抱怨"所有人的体育都比我的好"，那么你就可以问她，这里的"所有人"是否包括世界上的每一个人，这里的"体育"是否包括所有体育项目。总有一些项目是孩子擅长的，或是假以时日和练习能够得以提升的。

关注"爬起来"而非"摔倒"

当然，有时候，女孩确实会经受真实的恐惧和伤害，因而需要我们提供支持和关爱。关键在于，我们要区分真实的情形和孩子为了得到特殊对待或是误认为女孩就该如此反应而表现出的软弱。一般来说，我们应该拿更多的关注去奖励孩子的力量和勇气，而非她们的软弱。我们应该去肯定她们的努力、坚持和勇气。孩子摔倒时，我们不应该说："你摔倒了，哦，天哪！"而应该说："你爬起来了，好棒！"

与教孩子系鞋带、说"请"和"谢谢"一样，我们也可以教女儿如何思考。如果我们想培养女孩拥有力量视角，我们就需要有意识地采取措施，摒弃孩子司空见惯的柔弱女孩的刻板印象。我们必须花时间向女孩们解释，如果她们表现得软弱无力，她们的大脑就会相信她们确实软弱无力。你能极大地影响你的女儿看待问题的方式。

当你向星星许愿时……什么都不会发生

与灾难性表达相对的另一极是许愿。从很小的时候，女孩们就被鼓励许愿。无数面向女孩的玩具、图书和电视节目都围绕着这样一个理念：许愿是成功和幸福的关键。美国品牌小马宝莉就出版了名为《梦想成真》(Wishes Do Come True)的图画书，芭比娃娃出版了名为《芭蕾舞愿望》(Ballet Wishes)的图画书，还出了一款生日许愿娃娃。此外，市面上还有数不清的各种仙女"许愿套装"。

从表面上看，许愿似乎是乐观主义的极致表现，但就培养力量视角而言，许愿和灾难化表达一样，都是有害的。两者都把女孩放到了受她们无法控制的外部力量所摆布的位置。唯一区别只是，许愿中的外部力量——不管是想象的还是真实的——是慈眉善目的，而灾难性思维中的外部力量是恶毒的。许愿这一形式鼓励女孩坐等他人来满足自己的需要，而不是自己主动去做，去控制，去承担责任。

与鼓励女孩许愿相比，我们是怎样对待男孩的呢？例如，我们给男孩的玩具大多与行动和冒险有关。男孩有大把的机会在玩耍时发挥能动性，而非被动地等待别人来干预和满足他们的愿望。

你不相信许愿并不会赋予人力量？那就想想成年人许愿的情形。想想这样的情形：一位女士只是期待上司承认她的贡献和才能并给她加薪，却没有准备令人信服的加薪理由就踏入上司的办公室要求加薪。另一种成年人许愿的版本是在愿景板上贴上梦想中房子的照片，并认为这就是实现梦想的全部条件，而不是花时间和精力制订并实施相应的储蓄和投资计划。这是"把愿望投向宇宙"，而不是坚定信念并为之努力。

当然，玩有关许愿和魔法的游戏本身没有什么错。跟其他父母一样，我们也鼓励女儿在切生日蛋糕时许愿。但是，一旦许愿成为女孩思考世界的默认方式时，就会出现问题。当我们的女儿许愿时，我们会告诉她，如果你为了愿望而努力，愿望就会真的实现。我们要激发孩子思考她们要怎样做来实现愿望，而非坐等愿望的实现。

暗示与提出要求

女孩们被鼓励变得无能为力的另一种更微妙的方式是进行暗示，而不是提出要求，有时还会因此而获益。她们会说"我饿了"、"我渴了"、"它坏了"或"它丢了"，而不是主动要求得到她们想要的东西。这些都是接触世界的被动方式。她们甚至没有要求别人来解决问题。在这些情况下，女孩们只是把事实摆在那里，然后希望——或者期待——别人会想出一个解决方案，并实施这个解决方案。在这里，她们在借助外部力量来解决自己的问题。这是一种被动的心态，与我们要在女孩身上培养的力量视角相去甚远。

如果你的女儿经常暗示而不是提出明确要求，就要鼓励她调整自己的思维，从问题思维转变成解决方案思维。比如，当女儿说："我饿了。"我们可以开玩笑说："你好，'饿了'！见到你很高兴。"如果女儿恼怒地回答："不是！我饿了！"我们就会告诉她们："这是个问题，那么解决方案是什么呢？"很快，女儿就会明白过来，并且回答说："我能吃点东西吗？谢谢！"

拥有力量视角的女孩可以像其他女孩一样乐观，一样满怀希望，但她们的希望建立在自己的能动性上，而不是被动地接受现状，或者没有能力表达自己真正想要什么。拥有力量视角的女孩的希望和乐观不是源自洒仙粉许愿，也不是源自对自己需求的夸夸其谈，而是源于她们的自信：对自己能力的自信；对表达自己的愿望和需求的自信；对自己的决心和努力最有可能让自己得到想要的东西的自信。

避免评判

有人说，人生中有两样东西是确定的：死亡和税收。但是，还有一项是确定的：那就是评判。无论你做什么，有多么努力，有多么优秀，某种形式的评判都是难以避免的。谈到评判，要想培养你的女儿的力量视角，你可能需要重新思考你所接受的养育方式。在你成长的过程中，你有多少次听到过"你会让自己难堪的"、"你会显得很傻"、"别炫耀了"这样的话？作为父母，同样的话你又讲过多少次？

比如，有一次在公园里，我们看到一位奶奶带着她两岁左右的孙女。小姑娘刚吃完一罐酸奶，不出所料，酸奶糊得满脸都是。她迫不及待地要回到沙坑里继续玩耍，但她的奶奶坚持要先把她的脸擦干净。

"必须把你的脸擦干净。"奶奶说，"你脸上脏兮兮的，别人看了会怎么想？"

我们相信，大多数养育子女的方式都源于爱和良好的愿望。通过让孩子产生自觉意识来管理自己的行为也不例外。但是，"别人看了会怎么想？"这类话语会剥夺女孩培养力量视角的机会。它们会让女孩时刻警惕别人对自己的评价。

另一个教给孩子自我意识的常见的方式是说："别闹了，别人都在看你呢。"

父母经常会说这样的话，因为他们想为周围的人着想，也希望孩子学会这样做。但是，孩子们不仅会吸收我们批评的内容（脸不该脏兮兮的），也会吸收批评的实质（因为别人会评判你，这很重要）。久而久之，孩子们就会开始认为人们总是在看着他们、评判他们，即使事实并非如此（大多数情况下，人们对自己的生活远比对别人的生活更感兴趣）。这种对他人看法的持续关注会造成一种强有力的影响，累及女孩与这个世界的每一次互动。

很难想象，如果一个女孩被训练得相信别人对她的看法比她对自己的看法更重要，她怎么可能感到真正的满足和安全。别人可能麻木不仁，甚至可能是残忍的，他们可能有自己的目的，但更重要的是，他们可能前后矛盾。你永远不知道会从别人那里得到什么反应，所以，如果一个女孩在成长过程中相信

克里斯的故事

小维还是一个学龄前孩子时，有一段时间曾经迷恋电影《冰雪奇缘》的主人公艾莎。她走在大街上会扯着嗓子大唱艾莎唱的主题曲《随它吧》（Let it go）。当她试图在咖啡馆或人多的地方大声唱时，我会告诉她安静下来，并向她解释其他人都在忙着谈事情或享受安静的独处时间，不想听她说话。我通过强调她有能力选择做一个善良、体贴的人，从而强化她的力量视角，而不是通过教给她因为别人会评判她，所以她需要改变自己的行为，而导致她感觉自己无能为力。

我和小维在家附近散步时，她也会唱这首艾莎的歌。可能是歌声太嘹亮，也可能是小维展现的纯粹的快乐和兴奋，人们确实会看她。她对此视而不见，我也肯定不会提醒她。小维的歌声没有伤害或影响任何人。所以，我会鼓励她去享受快乐、自我表达和自信。我会说："唱大声点。"如果我告诉她因为别人在看她，她应该停止唱歌，那么我就会在她的个性发展的地基中埋下一块自觉意识和社交焦虑的砖头。

别人的反应决定了她的价值，她最终将生活在一种持续的不安全感中。她可能总是感觉生活不受自己控制，因为她从我们这里学到的是：她的命运掌握在别人手中。

培养女孩的力量视角，要从向她们灌输一种强烈的自我意识开始。这可能意味着，要抛弃我们自己在成长过程中所接受的养育方式。如果我们让自己的女儿极其在意并担心别人的评判，她又怎么可能培养出强烈的自我意识和自信呢？如果我们教给她们，就连完全陌生的人都有权力决定她们是好是坏，她又如何能有安全感呢？我们能给予女儿的最有力量的礼物之一就是教给她们相信自己的判断，而不是把这一权力拱手交给他人，这远比在公园里保持一张干净的脸庞更重要、影响更深远。

需要说明的是,我们并不是在主张要把女孩培养成粗鲁无礼、不顾他人感受的小坏蛋。我们也不是主张为了培养女孩而违背日常的社会规范。我们也不是在说要任由孩子们在咖啡馆里尖叫(尽管每个父母都知道,即便我们已经尽了最大努力,但这有时还是不可避免)。我们花了很多精力教孩子体谅他人,但体谅他人与由他人来决定自己的行为或价值是不同的。喜欢自己的女孩会学会善良和体贴,因为这符合她们自己的价值观,而不是因为她们害怕被别人评判。

对待批评

培养女儿力量视角的关键之一,是教给她如何对待他人的评价,尤其是批评。有些孩子的脸皮似乎天生就比别人的厚,能承受更多的批评,并且比其他人更坚强;批评似乎对他们没有影响。但是,如果女孩害怕批评,她们最终就会过着半封闭的生活,躲避可能会让自己受到批评的情形,或者由于害怕展示真实的自我会招致批评而变得不真实。

无论你的女儿目前性情如何,所有孩子都可以培养出对待批评的技能。与其他技能一样,经过练习,我们的女儿会变得更擅长对待批评。我们采用的方法基于美国社会科学家、作家布琳·布朗(Brené Brown)的研究成果。布朗是研究羞耻和脆弱性的专家,她最重要的见解之一是,批评是无法避免的。这一点看似再明白不过,却往往被人忽视。不管你有多么优秀,也不管你有多么努力,只要你在生活,你就得面对批评。

想一想,什么人在生活中经常遭受批评。高居榜首的是运动员、政治家、艺术家和王妃。可是，你不一定非得出现在公众视野中才会受到批评。让我们看看学校抽奖活动的组织者，我们敢打赌，一定有人会说他们本可以做得更好。你女儿所在篮球队的队长、学校话剧演出的主演、在集会上发言的孩子都会受到别人的批评。事实上，任何人只要做了任何出格的事情，或者敢于表达自己，就会受到别人的批评。

这么一说，听起来真的令人压抑又沮丧。这可能会让你想把女儿包裹起来，让她远离这个世界上所有的痛苦。但是，要教给你的女儿批评是人生中不可避免的一部分。这是给女儿的一件礼物，因为随着时间的推移，她会意识到批评并不是针对她个人的。批评与她没有关系，与她做的事也没有关系。任何人，只要选择大胆生活，开拓创新，或不走寻常路，都会受到批评。我们需要教给我们的女儿，批评是过自己想要的生活的代价。

我们并不是说，我们完全不用在乎别人的想法。我们说的不是那种建设性的批评，那种能督促我们完善自己的反馈。但是，听信那些只想给你当头一棒的意见是没有任何好处的。在生活中，坐在一旁说风凉话很容易。随着社交媒体的发展，我们的女儿正成长在一个可能全天候都能遇到批评者的世界里。我们的任务是教她们分辨出应该倾听的人和可以完全忽略的人之间的区别。

我们有两个简单的技巧来帮助她们，一种针对年龄小的女孩，另一种针对年龄大一些的女孩。

对年龄小的女孩：长颈鹿法

当女儿告诉我们有人说了她的坏话，比如"乔说我是笨蛋"或"凯蒂说我是个大宝宝"，我们会回答："如果乔/凯蒂说你是一只长颈鹿,你会变成长颈鹿吗?"

孩子听了往往会哈哈大笑,或者至少能让她嘴角上扬,所以这对化解情绪很有帮助。但这种做法连小孩子都能理解。无论谁说她是长颈鹿,她都不是。

当女儿在我们搞笑的长颈鹿笑话之后冷静下来,我们会向她解释,乔或凯蒂说什么并不重要,他们说的不会变成现实。然后,我们会重申我们的力量视角,即她们可以决定自己是谁,自己是什么样的人。她对自己的看法才是最重要的。

对年龄大一些的女孩:卡片法

我们从布琳·布朗那里学到了这个卡片法,她的钱包里就有一张类似的卡片,用来提醒自己要正确看待批评。找一张卡片,其大小可以放进口袋——名片大小的硬纸片最合适。在卡片上写下6个人的名字,他们的观点对你很重要,你会选择倾听他们的批评。

在决定把谁的名字写在卡片上时,布朗建议采用以下标准:

1. 他们会在需要时出现吗?除非这个人自愿随时勇敢地帮助你,否则我们就不该听他们的。
2. 他们是否以你的利益为重?他们批评你是因为他们真的想帮助你变得更好,还是他们想伤害你、嘲笑你或让你保持沉默?
3. 你尊重他们吗?他们知道自己在说什么吗?

卡片法的最大好处是,你的女儿不得不思考,在她的生活中，谁的话真正值得去听。是的，他们也都是外人。但她知道自己为什么要听这些人的话，而不是身边其他人的话。

如果你受到了卡片上名单之外的人的批评，而他们也不值得被你加入名单，你就可以不去理会。当然，没有人是特氟龙做的，可以完全不受批评的影响。有时候，别人的批评会突破我们的防线。在这种情况下，你可以告诉你的女儿去找她卡片名单上的人谈谈，听听他们的看法。

爸爸怎么做

你的女儿非常在乎你的想法。要运用这种影响力，通过教给她重视她自己的想法，来帮助她培养力量视角。当她向你询问你对她画的画、跳的舞、穿的衣服的看法时，可以反过来问她的想法。当她向你寻求建议或帮助时，不要立即去帮她，而要鼓励她先尝试自己解决问题。

本章要点

- 力量视角只是一种视角。它是你的女儿看待这个世界以及她与世界的关系的方式。她看到的是问题还是机会？她会被自己的错误压垮，还是会重新振作起来，变得更坚强、更有决心？她认为她能够影响自己的生活中发生的一切，还是认为一切仰赖命运、机遇、运气或诸如父母、老师、同龄人等有权威的人？
- 拥有力量视角的人往往更勇敢，更无畏，因为他们相信自己有内在的力量和能力来对待生活。他们做事也更努力，因为他们相信努力能使愿望成真。他们的身体和情绪也往往更健康。

- 力量视角可以通过练习来培养。如果你的女儿尚未拥有力量视角，你可以抓住平时的机会帮助她培养，比如，提醒女儿，她对自己的看法比任何人（甚至是你）的看法都重要；专注于"爬起来"而不是"摔倒"；破除并挑战"灾难化"语言和一厢情愿的想法，以及将"进展顺利的事情"练习融入你与女儿的日常交流中。

第2章

喜欢自己的女孩拥有身体自信

这是一次妈妈们的聚会。一个18个月大的小女孩在散落着玩具的地板上和其他几个学步期的孩子玩耍。聚会的组织者——那位记得每个人生日、安排聚会并带来食物的妈妈——正把一个装着小蛋糕的旧塑料盘子递来递去。

一位妈妈拒绝了这盘蛋糕。"我不能吃,"她说,"一个蛋糕两分,我今天已经扣好多分了。"她正在参加"减肥达人"活动,试图减掉体重。

另一位妈妈大声说:"我也不能吃。我今天已经吃太多了。"

你还来不及说"身体羞耻",关于体重的各种说法就在房间里疯传开来。几乎所有的女性都列了一个不拿纸杯蛋糕的理由。少数几个吃了蛋糕的妈妈要么自认缺乏自控力,要么连声调侃"减肥从明天开始"。随着交谈转向增重和减肥,盘子转了一圈,又回到了桌子上。

这类交谈有一个名称,叫做"聊体重"(fat chat)。谈论体重——无论是祝贺其他女性减肥成功,还是同情她们的体重增加(或保持不变)——已经成为女人们联络感情的一种方式。她们常常用体重开始交谈并增强彼此的关系,而且剧本儿乎总是相同的。她们说对方不胖，事实上她们才是需要减掉几公斤体重的人。她们认为自己是在彼此安慰，但研究表明，涉及到的每个人都会感觉更糟。那些参与聊体重的女人，在离开之后对自己体重的满意度会更低。

但是，在妈妈聚会中聊体重的女人并不是唯一的受害者。她们的孩子也会受到伤害。特别是那些观察和模仿妈妈的女孩们。

在这些学步期的孩子长大到能从妈妈身边走开之前，在她们能够质疑这种交谈的荒唐之前，这些小女孩听到的是女人们祝贺自己减肥成功，或者因为自己没有减肥而批评自己。这些坐在妈妈膝头的女孩学到的是妈妈应该压抑自己，学到的是妈妈太胖了——还学到了这是件了不得的事。

除非有所改变，否则这些女孩长大后很可能会不喜欢自己的身体，像她们的妈妈学到的不喜欢自己的身体那样。当这些女孩长大后，她们会相信她们的身体和别人对她们美不美的评价，将决定她们在这个世界上的价值。她们会任凭体重秤上的数字来决定她们一天的心情，她们的数学知识很可能也主要用于计算"减肥达人"的分数。

身体焦虑不是天生的

无数研究表明，大多数女性都对自己的身体不满意，但这种感觉并非从一开始就有的。女孩不是生来就讨厌自己的身体。只要观察幼儿玩耍或照镜子，你就会发现他们对自己的身体所能做的一切感到惊叹。身体厌恶（body hatred）不是与生俱来的，而是在家庭、学校以及与同龄人的交往中学到的，是女孩每次打开电视、用社交媒体或离开家门时被灌输的。从早上睁开眼睛到晚上入睡，女孩们所学到的都是：她们的身体不完美！

除非我们进行干预。

试想一下，如果你认识的女性，或者你自己，能够一整天都不受身体厌恶的纠缠和拖累，生活将变得多么美好。现在想象一下，你能够把这种自由给予你的女儿。在许多情况下，这将改变她的一生。

我们需要做出一个清醒的决定，尽我们所能阻止我们的女儿学会憎恨和怀疑自己的身体。我们需要帮助她们打好基础，掌握技能，以便当我们不在她们身边保护她们时，她们能抵制铺天盖地的引发身体厌恶的各种信息。

这一章将详细介绍防止我们的女儿学会厌恶自己的身体的方法。

身体自信为何重要

我们很容易轻视女儿的身体焦虑，而把它看作在社交媒体中成长起来的新一代的另一种痴迷，认为这背后不过是虚荣或肤浅。这种对身材和体重看似永无休止的关注会被合理地解释为"女孩子的事"。这是"女孩就是女孩"，是女孩的事，并且我们对此只能听之任之。

但是，身体厌恶绝非小事。在澳大利亚，超过55%的8～9岁女孩对自己的身体不满意。而到了10～11岁，56%的女孩正在控制体重。澳大利亚全国进食障碍合作组织（National Eating Disorders Collaboration）表示，"任何节食行为都会增加罹患进食障碍的风险"。

可悲的是，人们对进食障碍并不十分了解。在很多人眼里，厌食症等疾病根本不是什么大事，不过是节食节狠了点，节过了头。有时，人们甚至会表达对厌食症的羡慕，开玩笑说自己巴不得有进食障碍，好让自己能够减掉几磅。当然，他们只是在开玩笑，然而，试想一下，若是换作另一种严重的精神疾病，比如抑郁症，他们还会开这样的玩笑吗？

最重要的是，进食障碍是一种威胁生命的疾病，也确实要了很多人的命。实际上，你的女儿死于进食障碍的几率比在街上被陌生人绑架的几率还要大。可是，我们却花了多得多的时间去担心和防范女儿被陌生人绑架这种极小概率的事件，而不是去担心和预防更有可能发生的进食障碍。

对自己的身体形象不满会影响生活质量

你的女儿如何看待自己的身体形象是决定她能否喜欢自己、能否过上美好生活的关键因素。在极端情况下，自我身体形象会关乎生死生。但是，并非只有出现了进食障碍才是受到了不良的自我身体形象的严重影响。不良的自我身体形象会影响你的女儿生活的方方面面：她的心理健康、身体健康、自尊、人际关系、事业心，甚至财务状况。

许多年轻女性所认为的哪怕只是想让自己达到可接受的水平所花费在美容护理上的金钱，就有可能让她们一直停留在贫困状态。根据《年轻人的财富之道：富人教给孩子的金钱观》的作者、财务专家皮特·瓦金特（Pete Wargent）的计算，年轻女性每年花在"基本美容服务"上的钱相当于1.4万美元。他说："假如你把这笔钱投入股市，并在一段时间内取得大约7%～8%的净收益，那么在大约十年后，你的账户余额就会迅速膨胀到25万美元。"即使这些年轻女性把她们平时花在假睫毛、美黑喷雾、激光脱毛和美容注射上的钱存入定期存款，她们也能在大约六年后拥有一份六位数的储蓄，瓦金特说。上面的金额还不包括化妆品和精华液等美容产品的费用，也没有包括整容手术的开销。说到整容手术，女性对自己身体的厌恶竟然驱使她们冒着真实存在的生命危险去承受这种并非必要的临床操作。

年轻的女孩越来越担心她们的身体。在澳大利亚，对身体形象的担忧是孩子们最担心的四个问题之一（另外三个问题是：应对压力，与学校或学习有关的问题，以及心理健康问题）。不良的自我身体形象是严重的社交、医疗和心理健康问题的先兆，包括焦虑、抑郁、社交障碍和社会孤立。

不良的自我身体形象不再只是10~19岁的孩子们的担忧。即便小到5岁的女孩也开始担忧自己的体重和外貌。曾经有三位妈妈告诉我们，她们的女儿说想拿刀把自己的肚子削掉一块。这几个女孩都不到10岁，却已经在想象把自己像圣诞火腿一样切开。在她们的想法中，除了小精灵和漂亮的笔，还有对自己幼小身体的难以忍受的厌恶，这太令人心碎了。

瘦而美或许也徒然

如果你的女儿又瘦又美，你可能会想跳过这一章。我们中的很多人都会认为，如果我们够瘦够美，生活就会很完美。如果你的女儿的体重落入了被认为"瘦"的范围，你可能会理所当然地认为她们的自我身体形象会很好。你可能是对的。

但是，瘦而美并不能保证免除不良的自我身体形象。部分原因是媒体的影响，包括网络和电视，但更重要的原因在于你女儿是否拥有身体自信并非取决于她的身体，而是取决于她对自己身体的感觉。

只要听听那些超级名模列举自己的"缺点"，看看她们痴迷的减肥计划，你就会认识到，瘦而美无法确保身体自信。就连维多利亚的秘密内衣模特海蒂·克鲁姆（Heidi Klum）也对自己的"梨形身材"感到惋惜。她并不是唯一一个又高又瘦又漂亮却仍旧认为自己身材有缺陷的女性。据说，辛迪·克劳馥（Cindy Crawford）在拍摄泳装照片时说："哦，老天啊，我真是硬着头皮在拍。"她感叹道："你看，所有的女人都不喜欢自己的背影。"这是一位拥有自己的健身视频，并在《花花公子》评选的"本世纪最性感的100位明星"中名列第五，还上过许多其他"最美"榜单的女性所说的话。尽管十几岁的男孩们把辛迪·克劳馥奉为女神，可她总是感觉自己的身材不够好。

我们都认识那种痴迷于减掉最后五公斤体重的标准美女，好像不减肥就没法活似的。无数瘦得皮包骨头的女孩和成年女性被身体厌恶、不规律饮食、无节制运动和醉心整容压垮。我们也都认识那种虽然不太苗条却依旧相当肯定自己身体的女性。关键在于女性对自己身体的感觉，以及这种感觉在她们心里的分量。因此，瘦并不能确保你的女儿喜欢她的身体或她自己。

两个漂亮程度差不多的女孩，可能一个会因为对自己身体的厌恶以及由此而产生的不安全感而造成严重问题，而另一个女孩却完全没有这种顾虑，每天都快活得很。这是因为，就身体自信而言，女孩觉得自己长什么样比她们实际长什么样要重要得多。

身体自信不会让女儿"不注意自己的形象"

每当与其他父母聊到身体自信,他们往往会担心女儿的身体自信会"走得太远"。尽管很多父母原则上接受鼓励女儿拥有身体自信,但他们不希望让女儿对自己的身体感到太满意。

他们的理由似乎是,如果女儿对自己的身体太满意,她就会"不注意自己的形象",会变胖并因而不健康。由于我们把瘦等同于幸福,把胖等同于不幸,所以,这些父母担心,过多的身体自信会让女儿不幸一辈子。

因此,他们得出结论,他们作为父母的职责就是控制女儿的身体和食欲,直到她的年龄足够大,能够自我监督为止。他们的理由是,如果他们能让女儿意识到自己身体的缺点,向她灌输害怕变胖的思想,那么她就会对自己的身体保持警惕,保持苗条,从而过上幸福的生活。

控制女儿的身材和食欲不会有好结果

这种思维方式的问题在于它行不通。没有证据表明,拥有积极的自我身体形象会导致人们变胖。同时,有大量研究表明,拥有不良的自我身体形象无益于幸福或健康,甚至可能导致变胖。例如,2018年发表在《BMC医学》(*BMC Medicine*)杂志上的一项研究发现,对体重的耻辱感会导致那些受其影响的人体重增加。那些因体重而受到羞辱或嘲笑的人更不可能去锻炼。从直觉来看,这完全讲得通。毕竟,如果你不喜欢自己的身体,又怎么会去关心它呢?

但是,这项研究更令人意外和不安的发现是,那些因自己的体重而有羞耻感的人也很可能产生使减肥更困难的一系列其他生理改变，例如，皮质醇水平的增高。面临压力时，身体会释放皮质醇，而皮质醇水平的增高会促使发胖。

《如果不节食，那又该如何？》（*If Not Dieting, Then What?*）一书的作者里克·考斯曼（Rich Kausman）博士开办体重管理和饮食行为诊所逾25年，还是澳大利亚心理医学会的研究员。他说，认为我们会关心别人要我们去讨厌的某样东西是荒谬的。

考斯曼博士说："想象一下，如果我们的身体是一辆汽车。你会如何对待一辆你不喜欢并且不珍惜或不尊重的汽车？你会漫不经心地使用它，会懒得定期保养它，几乎从不清洗它。现在，想象一辆你珍视的汽车。想想你会投入多少时间和精力去照顾它。"

最重要的是，女孩们并不需要自己的父母大量关注她们的体重。有一个全球3000亿澳元市场规模的美体瘦身行业在做这件事。如果不停地指出女孩身体的缺点就能让她们变瘦，那么天底下的女孩大概都能瘦下来，并因而获得幸福和安全感，而美体瘦身业行业就不会有今天的巨大体量。

强调你的女儿吃了什么、吃了多少，向她传递的信息是她必须不断地与自己的食欲和身体的自然状态作战。这会在无形中教给她不信任自己的身体。如果她最终不信任自己的身体，那么她就更加不会关心它了。

我们的女儿最需要从父母那里听到的是，无论这个世界告诉她们自己的身体有什么缺点，她们的样子都已经足够好。我们的女儿需要我们站在她们一边，而不是站在减肥或美体瘦身业一边。

身体自信与爱自己的身体不同

在介绍培养身体自信的各种方法之前,让我们先明确一件事:你的女儿并不需要爱自己的身体才能拥有身体自信。事实上,如果她不爱自己的身体有可能会更好。

这么说或许有些奇怪,因为女性近年来一直受到"爱你的身体"活动的狂轰滥炸。你一定是知道的。这类活动通常由化妆品公司赞助,展示的都是那些脱得只剩胸罩和内裤的女性。它们常常附带鼓动情绪的信息,以及与"爱你的身体"相关的各种话题标签。

这类活动可能(略微)扩大了美丽的定义,但它们仍然在告诉女性把时间和精力专注在自己的身体上。因此,这些活动强化了女性的外表决定着她们的价值的观念。考虑到这些活动通常由化妆品公司赞助,这或许并不令人惊讶。毕竟,向那些痴迷于自己外表的女性销售化妆品、香皂和面霜会更容易。

然而,一旦女性忙于"爱"自己的身体,她们就不会考虑那些或许能给予她们真正幸福和人生意义的其他活动、人际关系和事业。年轻女性不是梦想改变世界,而是热衷于完善自己的比基尼身材。25%的18~35岁女性表示,她们宁愿赢得全美超模大赛,也不愿获得诺贝尔和平奖。

赢得比美游戏的唯一办法是不参与

另一种用心良苦但很可能适得其反的做法,是父母们往往借由告诉女儿她很美来培养她的身体自信。如果你从女儿很小、很容易受影响的时候就经常说她很漂亮、很美,那么她就会信以为真，并拥有身体自信。无论如何，这只是理论。但是，实际情况可能恰好相反。

与爱自己的身体一样，如果人们总是谈论一个女孩多么漂亮，她自然就会认为她的漂亮非常重要。事实上，如果谈论的次数足够多，她可能会开始认为这是她最有趣、最重要的品质。

《美容病》（*Beauty Sick*）一书的作者、心理学家芮妮·恩格尔恩（Renee Engeln）博士说："每当我们谈论女性的外表，都是在向她们传递一个信息：外表很重要。当我们赞扬女孩长得漂亮时，她们听到的或许是：'只有当我长成某种样子，才能对别人有价值。'"

不仅如此，我们对外在美的标准所附加的这种含义也是在告诉女儿：别人对她们身体的看法比她们对自己的看法更重要，而且重要得多。正如进食障碍专家、心理学家萨拉·麦克马洪（Sarah McMahon）所说："毕竟，美是给予我们的一种评判，那么它也可以被轻易夺走。如果一个女孩自己的认同感以外表美为基础，她的认同感就会受制于他人而非自己。"

过分看重外表可能会给我们的女儿埋下失败的种子，因为无论你的女儿有多美，社会和文化都会让任何女孩认为自己还不够美（问问辛迪·克劳馥就知道了！）。在数字科技、美容、节食和整容行业的综合影响下，美的标准不断变化。每个人都会在某个方面有不足。

也许听来有违直觉，但培养女儿的身体自信最好的方式之一，就是停止谈论她有多美。

什么是真正的身体自信？

当我们谈论身体自信时，我们说的不是我们的女儿穿着比基尼大秀身材或开心自拍。我们说的是她能信任自己的身体去做她们需要做的事情，过上她们想要的生活；说的是她们足够喜欢并尊重自己的身体，进而想去爱护它；说的是她们不允许对自己身体的负面影响和感受妨碍她们过自己的生活。

身体自信的关键不在于你的女儿是否美，甚至不在于让她相信自己美，而在于她不那么在意自己是否"美"。

决定你女儿身体自信的真正重要的事情，是她多么在意自己的"美"。她对自己外表的看法对她的自我价值有多大影响？与其让女儿相信她很美，我们需要转移她的注意力，让美不美这件事不再成为她纠结或痴迷的事情。

如果向你的女儿灌输身体自信听上去是不可能的，那就想想小女孩的行为。很小的女孩没有美的概念，她们不会将自己看作是别人观察、评价和赞美的对象。她们的身体只为她们自己而存在，对于别人觉得她们的身体美不美没有概念。她们更关心自己的身体能否跑得快、爬得高。

正是成年人让女孩们相信，她们的美是她们最重要的东西。我们的目标是尽最大可能让我们的女儿抵御这些有毒信息，让她们尽可能少花时间考虑自己美不美。我们希望她们能用自己的品格、善良、创造力和勇敢来定义和评价自己。当她们希望自己拥有不同的身体特征时（这可能是无法避免的），我们希望这是短暂的。当她们打扮和装饰自己时，我们希望是出于她们自己的原因——因为这很有趣、很有创意——而不是因为要满足别人眼里美的标准。

毫无疑问，要降低外表美在女孩生活中的重要性，我们需要进行一场大规模的斗争。女孩们每天都会收到来自媒体、朋友、家人甚至陌生人的无数信息，告诉她们美丽高于一切。许多女孩在成长过程中相信自己欠世界一份外表美，如果自己没有做到更美丽,她们就一文不值。

但是,事情是这样的:我们可以选择通过强化这种有害的信念,让问题加重;也可以选择通过竭尽所有保护我们的女儿免受引发自我厌恶和焦虑不安的尊崇外在美的大环境的影响,而解决这个问题。这是一场旷日持久的战争,你的敌手无处不在,甚至包括圣诞老人。

有时候,即便圣诞老人也会犯错

有一年,我们去一家百货商店拍摄家庭圣诞照。时年4岁的小维跳进圣诞老人的马车,兴奋地看着那个一身红衣的大块头。随后,一个穿着笑脸图案衣服的"小精灵"带我们走进了圣诞老人的小木屋。

然后,事情变得怪异起来。

圣诞老人开始谈论小维身上的每一件衣服,连她的袜子也没放过。之后,他告诉孩子,她是整座百货商店里穿得最漂亮、最优雅的人。说完这些话,他原本可以停止了。可他并没有。这位和蔼可亲的红衣老人建议我们这个未及学龄的小孩子长大应该当模特。

一位朋友带着她4岁的儿子也去了同一座圣诞老人小木屋。我们发现,圣诞老人并没有借由谈论这个男孩的外表来开始交谈。他和孩子谈的是红鼻子驯鹿鲁道夫。小维对鲁道夫的好奇心不亚于任何一个男孩。事实上,她喜欢圣诞老人的所有驯鹿。圣诞老人原本可以借助两人对会飞的驯鹿的共同兴趣来与小维拉近关系。他甚至可以谈谈乏味无趣的不会飞的老鹿。小维会很兴奋的。

但是，他没有说起这些。圣诞老人对小维的兴趣只有：第一，她很漂亮；第二，她比百货商店里其他女孩都漂亮；以及第三，她是否想去从事一份因外表而被评判和重视的职业。

对男孩说话像对人说话，对女孩像对洋娃娃

我们知道，我们对圣诞老人有点苛刻。那位快乐的老人本意是好的。而且，如果每年只有一次告诉女孩，对她们来说值得谈论的事情只有她们的长相，就像圣诞节一样，那么圣诞老人的话也不会有太大的影响。

然而，人们一年到头都在关注女孩的外表。女孩们几乎每次出门都会听到"你的裙子真漂亮""你的头发真美"、"你的睫毛真漂亮"、"我喜欢你鞋子上的蝴蝶结"或"你真可爱"这样的话。

这些有关女孩外表的话语被好心而亲切的人们每天挂在嘴上，可他们甚至没有意识到，他们在把男孩当人对待，却把女孩当洋娃娃。

我们并不是说，人们永远不应该谈论女孩的外表。问题是，女孩接收的与自己有关的评论大多都与外貌有关。想一想，你的女儿从出生到现在都收到了哪些评论。我们敢打赌，如果你把它们都记录下来，将其加总，就会发现她收到的针对外表的评论比其他评论加起来还要多。

如果家人、朋友、老师、店员、陌生人，甚至圣诞老人都只谈论女孩的外表，而不是她们的思想和行为，我们怎么能期待女孩相信她们还有除了美貌之外的东西奉献给这个世界？同样，我们怎么能期待她们在认识到自己的外表并不像外界说的

她们应有的样子时不被压垮呢？当你意识到你在别人告诉你的唯一重要的事情上未达到要求时，你很难喜欢上自己。

如何与女孩交谈

说到谈论女孩外貌这件事，我们像任何一个人一样感到内疚。当我们看到自己的女儿和其他小女孩时，脑子里闪过的第一个念头就是她们有多可爱、多么讨人喜欢。关注女孩的外表而不涉及任何其他方面是如此根深蒂固，以至于我们常常不知道还能对她们说些什么。尽管我们有最好的意愿，但我们许多人没有任何与女孩交往的经验——除非是非常表层的。

小男孩也很可爱，这并不是我们对他们说的第一件事或唯一一件事。我们认为，如果我们能把男孩当人而不是洋娃娃对待，那么经过一些思考和练习，我们就能以同样的方式对待女孩。如果你遇到困难，下面是与女孩开始交谈的一些建议：

- 你今天去了哪里？或者，你今天要去哪里？
- 你几岁了？
- 你长大后想做什么？
- 你最喜欢的书／玩具／运动／动物／食物／歌曲是什么？
- 你会唱圣诞颂歌吗？
- 你午饭吃了什么？
- 昨晚睡得好吗？你的床是什么颜色的？
- 四处看看，找点东西来聊，例如，一株开花的植物、一辆卡车、墙上的一幅画，甚至天气。
- 谈论或问问女孩正在做的事情，例如，"你刚才跑得很快"或"你搭的积木塔真高"或"你的玩具狗叫什么名字？"

如果这些都不合适或不起作用,你就想象一下在同样的情形下对男孩会怎么说。那些话很可能同样合适。

淡化、转移和做出榜样

我们很想说,我们有勇气制止别人对我们女儿说所有与她们的外表有关的评价。事实上,我们发现这真的很难,尤其是我们知道对方是出于好意。如果每次遇到与外表有关的赞美就去制止,会令人难堪并显得我们既无趣也无礼。可是,我们还是不想让女儿听到这类称赞。我们的解决方法是淡化和转移这些评论,以便我们的女儿听到关于她们外表的评论时,也能听到关于她们自己其他方面的评论,以此作为平衡。我们还会示范一些与女孩交谈的其他方式,避免谈论她们的外表。

1.淡化

我们会指出女儿拥有的与外表无关的其他品质。例如,如果邻居说我们的女儿越长越漂亮,我们就会提到女儿也在增强中的其他特点,例如,阅读能力、翻跟头技能、毅力、幽默感和善良。

2.转移

转移就是改变话题。例如,如果有人夸女儿的衣服好看,这个话题就可以扩展到想想穿着这些衣服能做些什么以及能达成什么。假如有人对女儿说:"你这身衣服真好看。"我们或许就有机会说这身衣服很适合去爬树。如果有人说女儿的毛衣很漂亮,我们或许就可以把话题转换成讨论天气,比如,"我们要去公园玩,所以得穿暖和点。"

转移的话题越强调女儿的行动能力(即她们能做什么)越好。我们可不想让她们认为自己只是被欣赏的对象。

3.做出榜样

我们很少当着女儿的面讨论她们的外表。偶尔我们会说她们漂亮,因为我们不希望她们认为我们不说这件事是因为我们觉得她们不漂亮。但是,我们会限制自己提及她们的外表,因为我们想让她们知道,她们的外表对我们来说并不重要。我们也想让她们知道,其他人的外表也同样不重要。因此,我们不会当着她们的面谈论任何人的外表,无论是好还是不好。外貌不是我们讨论的话题。记住,并非只有对女儿或别人身体的负面评价有害。正如体重管理心理学家格伦·麦金托什(Glenn Mackintosh)在《理智的瘦身》(*Thinsanity*)一书中所说:"过多地谈论(不论何种形式)身体、长相和外表可能都会侵蚀对自己身体的接纳。"

重新思考体重

体重和脂肪的问题非常复杂,尽管你总能在网上看到或听到最新的节食方法,但科学并没有给出答案。60年来公共卫生运动和节食文化的失败告诉我们一个教训:体重和减肥不是简单的意志力问题或热量的摄入与消耗问题。

如果节食有效,我们都会瘦下来,节食产业也早就崩溃了。我们现在知道,即使所有人每天吃同样的食物,做同样多的运动,不同人的体型、体态和体重仍然会有巨大的差异!我们还知道，你无法通过一个人的胖瘦来判断其健康水平。瘦的人可能非常不健康，而胖的人则可能健康、快乐又长寿，并且这种情况相当常见。

你女儿的健康并不来自于她的胖瘦和体型，也与其身体质量指数（BMI）无关。身体质量指数是数学家而非医生提出的，起初也不是用来衡量人的健康水平的。如果你女儿的身体不符合时尚界所说的标准，那也并不意味着她会不喜欢自己。有一个女孩曾经对我们说："我希望他们能生产出真正合身的牛仔裤。"在她看来，牛仔裤不合身全赖制造商，不赖她的体型。

忘掉体重

每当我们提到专注于体重和节食的危害时，我们不可避免地会受到指责，说我们提倡肥胖和不健康的生活方式。这绝非事实。我们希望女孩们健康。我们知道，身体健康有助于女孩喜欢她们自己，过上她们想要的生活。然而，我们要明白，过度专注于体重和减肥不会带来良好的健康状态。

考斯曼博士说，当说到健康时，人们往往专注于体重。健康的关键不是"体重"，而是"健康"。体重是一个结果，是体重秤上的一个数字，而健康是一个过程。它是大多数时候吃得有营养、以喜欢的方式运动，以及以让我们幸福的方式生活。

我们非常关心两个女儿的饮食和运动，我们将在本章后半部分对此进行详细介绍。但是，与对待美一样，我们的目标是尽一切可能减少体重在两个女儿生活中的重要性。如果我们想让两个女儿以有趣、健康、有活力的方式生活，她们就必须关注自己的身体能做什么，而非胖瘦。如果你的女儿痴迷于计算摄入了多少热量，剥夺身体的营养，并且因节食失败而感到羞愧，她就不可能喜欢自己。

虽然很多父母很支持女儿拥有身体自信，但往往附带一个条件：只要她已经瘦下来。这里，未说出口的意思就是，如果女儿不瘦，她就不会对自己感觉良好。

"可如果女儿肥胖，我不该告诉她吗？"

这是一位父亲在阅读了一篇关于儿童和身体形象的文章后向我们提出的问题。这不是我们第一次被问到这类问题，尽管父母们通常不会问得这么直接。

需要明确的是，这位父亲非常关心女儿的健康。他听说过很多有关儿童肥胖的可怕故事，并认为如果他不告诉女儿减掉一些体重，那他很可能就没有尽到一个父亲的责任。但是，这位父亲也想知道他这种以肥胖为耻的态度是否正确。

他的犹豫是有道理的。

虽然我们不认识他女儿，但她很可能已经知道自己胖。导致这位父亲与我们进行这次交谈的原因可能包括：

- 朋友的提醒
- 女儿因为胖被同学欺负
- 医生的建议
- 女儿要求吃第二块生日蛋糕时，姑姑惊讶地倒吸一口气
- 女儿在外面吃东西时被陌生人投来异样的目光
- 各种电视节目、杂志、报纸或电影

很可能没有人对这个女孩的身体做出比她自己更严厉的评判。听听专家是怎么说的。考斯曼博士说：过度关注体重不会有任何好处，不管是孩子的体重、你的体重，还是任何其他人的体重。

他说："研究结果非常清楚，专注于体重不会导致体重减轻。事实上，这很可能导致体重增加。而且，这还是导致进食障碍的最常见途径，尤其是对儿童而言。"

心理学家萨拉·麦克马洪也赞同这一观点。她说，在被要求节食时，那些本就忌惮他人评价并且总觉得自己暴露在众人目光之下的女孩只会感觉更糟。麦克马洪说："父母让孩子节食也会影响孩子的社交。这么做会让孩子疏远朋友，回避社交活动；给孩子的信息是孩子有问题，需要解决。"

你的女儿从这种方式中得到的信息是，如果她变瘦，你会更爱她。可是，女儿真正需要的家是一个安全的天堂，一个她感觉到被爱、被珍视和被尊重的所在。

美国儿童饮食问题专家、医生卡特娅·罗厄尔（Katja Rowell）博士说，虽然儿童肥胖非常令人担心，但我们不能忽视让孩子节食的真实风险。著有《孩子挑食怎么办》一书的罗厄尔博士说："根据最可靠的证据，我们知道，通过节食减掉的体重几乎都会恢复。儿童节食与抑郁症发病率的增加有关，并且是罹患进食障碍的主要风险因素，进食障碍的治疗不仅花费高昂，患者还会遭受极大的痛苦。"

如果你还没有决定是否要让女儿减肥，那就考虑一下这一点：你要求她做的这件事，是绝大多数成年人也做不到的。正如2015年一项针对99,791名肥胖女性和76,704名肥胖男性的研究所发现的，"单纯性肥胖患者在一年内回到正常体重的概率，女性仅为1／124，男性为1／210"。

营养学家和身体形象专家梅格·麦克林托克（Meg McClintock）

说，即使夸一个人身材好，或夸他瘦了，都会导致他对自己的身材和体重的破坏性关注。"这会造成对体重的耻辱感和偏见，如果孩子的体重不符合瘦的完美典型，或者他们认为自己不符合，他们就会从心里接受这一负面的刻板印象。"她说，"这会增加孩子患抑郁症的可能性，降低他们的自我接纳程度，降低他们对生活的总体满意度。"

这就是我们对那位想知道是否该告诉女儿胖的父亲的回答：女孩真正想从父母——尤其是父亲——那里得到的不是羞耻感和评判，而是无条件的爱和安全的成长空间，因为父亲是爱她的第一个男性，并且为她将来期待男性如何对待自己树立了标准。

如果你认为女儿的体重超过自然体重怎么办？

当我们说到自然体重时，我们说的不是身体质量指数（BMI）。你的女儿的自然体重是她过一种充满活力的健康生活的任何体重。

如果你认为女儿超过了她的自然体重，第一步就是要忘掉外表。虽然我们经常根据外表迅速地对人们做出评判，但事实证明，外表是健康水平的一个很差的标志。考斯曼博士说："尽管你可能认为你的女儿的体重超过了她的同龄人，但仅看外表没法知道她是否超过她最健康的体重。"

不要试图去改变你女儿的体重，而要把你的关注点转向健康。观察你女儿的行为，看看是否可以做出改变，以便变得更健康。如果目标是减肥，那么你的女儿可能每天都会面临失败，这会毁掉她的自尊和幸福，但是，如果目标是过一种健康的生活方式，例如，大多数时候都吃得有营养并且精力充沛，那么这就是她可以控制并取得成功的一个方面。

这可能很难接受，因为我们在成长过程中都相信控制体重只是意志力的问题。但是，如果你的女儿在饮食和运动方面都很正常，那么她的体重或许就是她的自然体重。她已经是她该有的样子了。

萨拉·麦克马洪说，人的身体本来就有不同的形状和重量。与其去打一场很可能失败的战争，努力把女孩的身体变成本不该有的样子，不如想方设法支持女孩带着或许不符合当下美丽标准的身体去健康地生活。麦克马洪说："要帮助女儿认识到，瘦并不能带来幸福。她并不需要先瘦下来才能去开始她的生活。她的生活就在当下。"

一旦我们拒绝接受瘦是通往幸福之路的谎言，我们的女儿就能把她们的精力和注意力指向寻找那些会给她们带来其寻求的快乐和接纳的活动上。

如何帮助你的女儿接纳她的身体

我们看到的帮助孩子（和他们的父母）接纳自己的身体——即便与其瘦身理念不同——的最好的解释之一，是格伦·麦金托什在他的《理智的瘦身》一书中写下的这段话：

尽管可能听上去很怪异，那就忍耐一下吧，但我认为，我们可以把人想象成公园里各种各样的狗。没错，我们都是那些狗当中的一只。有些人是漂亮的贵宾犬。很不错！但是，如果所有的狗都因为自己不是贵宾犬而闷闷不乐，麻烦就来了。因为有些是拉布拉多犬，有些是灵缇犬，有些是藏獒。獒犬永远没办法变成贵宾犬，无论怎么努力都做不到。如果她开始减肥，她永远也减不到贵宾犬的体重，而且她减掉的体重还会全部恢复，因为这是她的身体要她这样做的。她最好做一只最快乐的藏獒，希望主人给她足够的食物和外出玩耍的机会，以便她能成为一只最健康的藏獒。幸好，这些狗狗根本不会在这类担忧上浪费一秒钟。它们非常快乐！这意味着它们比我们更聪明。我们都来学学这些狗狗吧。

一个喜欢自己的女孩是一只一流的獒犬（或其他任何品种），而非二流的贵宾犬。

如果女儿因为"胖"而被嘲笑怎么办？

有位朋友4岁的女儿最近从幼儿园哭着回到家里，因为另一个孩子嘲笑她胖。

作为父母，看到女儿因为胖而被嘲笑，是令人心碎的，并且难以知道该说些什么，做些什么。我们联系了三位专家，看看他们对于如何帮助女孩们应对这个恐脂症的世界有什么建议。

萨拉·麦克马洪，"身体很重要"（BodyMatters）心理学家、主任

要：认真对待孩子的担忧

找你的孩子聊聊，了解她对自己的身体有什么感受。尽量用你找孩子讨论任何其他担忧（比如，她们与朋友的相处或学习）时的同一方式来做这件事。父母可以成为孩子建立身体自信的强大的原动力。要注意你如何谈论自己的身体、孩子的身体和别人的身体。人们永远都不应该为自己的身体感到羞耻。

这也包括你。要对自己好一些。要避免聊你自己或他人"减肥"或"节食"的话题。

不要：鼓励孩子减肥或节食

鼓励孩子减肥会印证嘲笑她的同学的看法。这传递给孩子的信息是：没错，你的身体确实有缺陷、不好看、不健康、超重，并且无法信任其对食物的胃口。

你自己也要避免节食。否则，你会促使孩子效仿这种不健康的行为，让她以为这么做是正常的，并将身体焦虑传给她。毕竟，如果孩子认为你的身体有问题，她可能就会认为自己的身体也有问题。

里克·考斯曼，医学博士、蝴蝶基金会董事会成员、《如果不节食，那又该如何？》作者

要：要理解体重和健康不是一回事

与普通的看法相反，你无法只通过胖瘦或身体质量指数（BMI）来判断一个人的健康水平。孩子们的发育速度不同，他们的身体会随着时间不断变化，而且所有孩子的身体都是不一样的。不要担心你的孩子的身体和体重，而要把你的精力放在为孩子提供尽可能好的环境，帮助孩子尽可能健康地成长上。要关注过一种健康生活的过程，而不要把减肥作为目标。

不要：让孩子节食

减肥节食没有任何好处。研究结果非常明确：如果一个人专注于自己的体重和改变体重，效果不会持久。通常，这会导致体重增加。

不要根据体重来区别对待你的孩子们。不要允许较瘦的孩子多吃一块巧克力，而拒绝较胖的孩子多吃。孩子们会反抗这种做法，会偷偷地吃，并对此充满羞耻感。

达娜·克福德（Dana Kerford），交友专家、"你很棒"[①]创始人

要：要赋予你的孩子力量，让他们能够勇敢地对抗伤害性的话语和行为

那些说出伤害性的话语却能逃脱的孩子会继续这样做。教给你的孩子维护自己的权利，还能帮助孩子建立自我价值感，让孩子明白自己不应受到非善意的对待。如果你的孩子受到这类话语的伤害，你要用爱、关心和积极的肯定来对待孩子。要提醒孩子他们有多么了不起，并鼓励他们把时间用在与那些让自己感觉好的朋友相处上。

不要：告诉孩子"别搭理他们"

如果说出伤害性话语的孩子不为其行为承担后果，这种行为就会在不声不响中得到强化。这意味着他们会再次做出同样的行为。现实是，孩子们无法不搭理那些故意使坏的孩子。要想培养有复原力、自信、能够昂首直面逆境的孩子，关键是要教给他们维护自己的权利（更多相关讨论见第166~167页）。要提醒孩子多跟尊重自己的人交往，要帮助孩子理解，当有人侮辱他们时，那些侮辱别人的人其实是在侮辱自己。

为青春期前期的发胖做好准备

许多女孩体重增加是在为青春期做准备。这是女孩的身体为迎接月经所需要做的。这并不意味着出了问题，或应该采取

[①] 你很棒（URSTRONG），一家专注于帮助儿童锻炼交友技能的国际机构。——译者注

纠正措施。

相反，这时的女孩需要爱她的人的安慰，告诉她这些变化是正常的，她应该相信自己的身体。但是，这可能是好心的家人和朋友开始谈论你的女儿胃口大开或发胖的时候。这些话语会给已经对自己身体的变化很敏感的女孩造成难以置信的伤害。

终止这种身体耻辱感的最可靠方式，是在家庭午餐时提出"青春期"这个词。要这样说："_____[女儿的名字]的身体正在为青春期做准备。你想了解脂肪储存和月经吗？还是说，我们应该继续吃午饭？"

如果这样说有点过于直白，或者会让女儿难堪，你总还可以把话题转向聊聊天气，或者请在坐的某个人把盐递给你。事后，你可以和女儿谈谈批评的问题（正如我们在第1章讨论的那样），并提醒她，有些人的话值得听，有些人的话不值得听。

尽量减少接触有毒信息

女孩需要知道，她们在社交媒体、杂志、广告牌、商品包装甚至玩具上看到的许多女性形象并不真实。

要用媒体中的人物形象来教女儿正确认识身体。例如，你可以跟女儿聊聊芭比娃娃的身材比例有多么不真实。要指出，如果女人的腿真的像芭比娃娃的那么长，并且腰那么细，那根本就站不起来。

女孩们几乎无法抵御广告传递的大量负面信息，这些信息对她们的身体形象、生活方式选择和自尊是有害的。这并非我们的一面之词。在谈及广告为何有效时，自称"全球领先的新潮商业媒体"的《快公司》（*Fast Company*）杂志向其读者泄露了其中的秘密:"诱发恐惧(fear)、不确定性(uncertainty)和怀疑(doubt)。"这种广告策略已经被运用得炉火纯青,甚至有了专用的简称"惧、惑、疑"(FUD)。

在一个儿童焦虑症发病率创历史新高的世界,进食障碍也在增加,8岁的小女孩就因神经性厌食症而被送进医院。我们认为,孩子们生活里的"惧、惑、疑"已经太多。把媒体的底细告诉孩子尽管非常重要,但依旧远远不够。研究表明,即使知道一个形象是经过软件处理的,也不足以阻止我们感觉自己很糟糕。为了保护我们自己的女儿不受这些不真实的美丽标准的影响,我们尽量让她们少接触这类信息。孩子们看到的广告越少越好。

当然,也有人认为对儿童的广告宣传完全没有问题,例如,伦敦大学学院心理学教授阿德里安·弗纳姆(Adrian Furnham)。在英国《卫报》的一篇采访里,弗纳姆认为这个问题的责任不在企业,而在父母。在为一家主张自由市场的智库"社会事务组"(Social Affairs Unit)编写的一份小册子里,弗纳姆这样写道:"伤害儿童的不是广告,而是不负责任的养育方式。与大众的想象相比,儿童是很老练的消费者。有人认为广告就足以造成伪需求和亲子冲突,对此,目前还没有像样的学术讨论。"

当然,童年的进食障碍、自我身体形象问题和养育焦虑涉及许多因素,但广告是一个相当重要的因素。

如果广告真的只是提供信息而不是操纵情绪,可口可乐公司就不会每年花费58亿美元用于广告和营销了,这种饮料又不是新产品。而且,任何认为儿童是高度老练的消费者的人显然从没见过孩子们在各种时髦玩偶前的样子。

这就是我们尽力让我们家里没有广告的原因。八卦和时尚杂志(引起身体焦虑的祸首)是不可以进入我们家的。即使是宣传美容和减肥产品的传单被塞进邮箱，我们也会在进门前把它们丢进废旧物品回收箱。而且，与我们小时候不同的是，想让现在的孩子远离电视广告真的很容易。这要感谢澳大利亚广播公司！

澳大利亚广播公司的两个零广告儿童频道（ABC Kids、ABC Me）绝对是父母们的福音。当人们抱怨纳税人的钱被用于这两个儿童频道时，他们忽略了最重要的一点：这两个频道没有广告。不会引发"惧、惑、疑"的电视频道对于下一代的心理健康大有裨益。

零广告的电视节目不只有上面两个选择。在我们家，我们也给两个女儿看零广告流媒体（比如，iview、Netflix、Stan）上的节目。偶尔，她们也可以看视频网站（YouTube）里的节目，只是节目一结束，你就得赶紧把页面关掉，免得女儿不小心戳到广告。

不要误会我们的意思，我们也让两个女儿看很多电视，与所有后悔给孩子看了太多电视的忙碌父母没什么两样，但她们能看到的广告中的有害信息已经很有限了。

此外，你还要提防女儿的（或你的）社交媒体讯息。那些画面可能更加有害，因为它们往往看上去更自然，更贴近现实生活，即便它们背后的精心策划和操纵手法与那些光鲜的杂志封面毫无二致。

梅格·麦克林托克提醒父母们要特别注意那些伪装成健康信息的有害画面。她说："励瘦[1]并不能激励孩子，却可能让他们更不接纳自己的身体，这会导致他们更少从事积极向上的活动，例如，投入体育运动和积极的课堂活动。"

---

[1] 励瘦（thinspiration），又译"瘦之愿"，指追求减肥瘦身。——译者注

身体自信的关键是信任

婴儿生来就了解自己的胃口。他们知道自己什么时候饱了，什么时候饿了。除非他们什么都不肯吃，并且体重下降，我们大多数时候都信任婴儿能调节他们的胃口。但是，当婴儿长成儿童后，我们却突然认定他们的胃口不再值得信任。我们以很多种方式教给他们应该忽视身体发出的何时饿了以及何时饱了的自然信号，甚至这些信号是某种让人感到羞耻的东西。

卡特娅·罗厄尔博士说，一旦孩子开始吃固体食物，很多父母就会试图控制女儿的胃口。"我最常见到的是，父母试图让孩子少吃点。"罗厄尔博士说，"他们通常会告诉我，他们担心孩子发胖，因此他们会转移孩子对吃的注意力，任由孩子哭着要吃的。这会导致学步期的孩子全神贯注于食物，在我看来，这是孩子暴饮暴食的前兆。"

尤其是女孩，她们每天都会被不请自来的各种饮食建议轰炸，告诉她们什么东西可以吃、什么时候可以吃、这个月不要吃哪种常量营养素，以及应该或不应该消耗多少热量。所有这些信息都在告诉女性，她们的身体是狡猾的敌人，她们要与之抗争，并对其进行抑制。

注册营养师雷切尔·杰拉西（Rachel Gerathy）说，与婴儿时一样，女孩的身体知道如何调节自己的胃口和体重。父母应该教给女孩们知道，她们的身体知道饥饱，她们需要做的就是倾听身体。

杰拉西说："我们应该鼓励孩子倾听身体发出的饥饿和饱腹感的调节信号，让他们在营养均衡的基础上摄入各种口味和口感的健康食物。"

这意味着，要允许女孩想吃多少就吃多少。是的，没错。

正如澳大利亚维多利亚州政府在其健康网站（Better Health）上建议的那样："作为学步期孩子的父母，你的职责是决定在什么时间给孩子吃什么食物，但要由孩子来决定吃或不吃以及吃多少。请记住，孩子们在饿的时候就会吃。"

如果我们信任婴儿和学步期孩子的身体能够分辨饥与饱，我们就应信任大一点的孩子的身体也能做到这一点。

但这并不意味着女孩们有不受限制的自由每天都随时吃鸡块和冰激凌。父母们仍然可以通过确保提供健康的食物来保证女儿吃有营养的食物。但是，你的女儿应该决定她想吃多少。如果她想多吃一份晚餐或甜点，父母应当满足她。

我们这么说可能会让你震惊，这不奇怪。几百年来，男孩和成年男性都被允许想吃多少就吃多少，但女孩和成年女性却被要求节制饮食，压抑食欲。我们很多人小时候都听到过家里的女性自豪地宣称"我饭量很小"，随后却趁没人注意时大吃大喝。男孩可以多吃一块蛋糕，女孩提出同样的要求却会惹来嫌弃或羞辱。认为男孩的身体知道饥饱，而女孩的身体却不知道，这是没有道理的。

关于女孩应该控制食欲的信息无处不在，甚至可见于被认为是赋予女孩力量的图书中。例如，小维7岁时，有书店为我们推荐了一本故事书，声称它能给小女孩带来很多积极的影响。我们无法苟同。在这本"赋予力量"的故事书中，一个女孩在朋友家过夜。朋友家的晚餐是肉酱面。这个女孩很喜欢吃，所以多吃了一份。那天晚上，她躺在床上焦虑不安，担心朋友的家人会觉得她是一头猪。这本被认为"赋予女孩力量"的书所传递的信息是，女孩的品质可以由她吃了什么来衡量，其他人在监督她的胃口，并据此来评判她。当然，故事的结局是圆满的，这个女孩最终发现她的担心毫无根据。但是，该书呈现给年幼读者的仍旧是监督女孩的身体乃是常态。

"父母提供食物，孩子决定是否吃和吃多少"的规则也适用于父母认为孩子吃得不够多的情形。坚持要孩子把盘子里的食物吃干净，是在教给女孩忽视她们的身体发出的信号。

在我们家，在就餐时效果很好的一个食物规则是，我们的女儿要把她们盘子里的每种食物都吃一些，以便她们的身体得到健康成长所需的各种营养。有时候，这意味着她们只吃一粒豌豆或半粒豆子。另一些时候，当她们处于生长突增期或白天运动量很大时，她们的晚餐食量甚至超过我们——包括蔬菜。我们注意到，两个女儿的胃口一天和一天相比变化很大。这很正常。

与吃多少相比，感觉到能控制她们自己的胃口并信任她们的身体信号更加重要。这意味着，我们避免了围绕食物的任何权力之争或争斗。

没有好食物和坏食物，只有食物

你有没有注意到，如今食物和饮食已经成了道德问题？

人们拒绝接受一块蛋糕，解释说他们在"听劝"。人们谈论好食物和坏食物，或者好脂肪和坏脂肪。还有人谈论"洁净饮食"[1]，好像其他食物——以及吃那些食物的人——都是脏的。

罗厄尔博士说，一些父母认为，当他们禁止"不健康的"或"坏的"食物时，他们是在教给孩子健康的饮食行为。事实上，他们的做法可能适得其反。"当父母们严格地避免所有加工食品、糖、精制面粉，并且说它们'不健康'或'有害'

---

[1] 洁净饮食（clean eating），指天然饮食。——译者注

时，孩子们会非常纠结。"罗厄尔博士说，"食物和就餐时间就会被恐惧和回避所定义。"一些孩子会变得焦虑并更加讨厌食物，而另一些孩子则渴望并会寻找那些被禁止的食物。

幸运的是，我们还有另一种方式来看待食物：一种是"日常吃的食物"，一种是"偶尔吃的食物"。

如果你想让女儿与食物形成一种健康的关系，那就要让"好"和"坏"这样的观念远离对食物的讨论。要向你的女儿解释，她每天需要吃各种各样的食物，有些食物能让她长个子、跑得快和有力气。有些食物会帮助她学习并防止生病。还有一些只是好吃。

不要禁止孩子吃任何食物，因为这样做会让孩子对食物产生关于好与坏的联想。我们的两个女儿明白，她们有时可以吃加工食品，因为它们很美味，并且是社交仪式的一部分——比如，生日蛋糕——但这些食品并不能帮助她们长身体。我们告诉她们，如果她们吃太多蛋糕，就无法摄入身体所需的其他食物。

萨拉·麦克马洪建议父母们用"日常吃的食物"和"偶尔吃的食物"来谈论食物，以便让吃东西这件事不再有羞耻感和评判。她说："如果有些食物是'坏'的，那么孩子吃了它们就会认为自己也是坏的。"

让孩子对自己的胃口和饮食感到羞耻不仅无助于养育一个喜欢自己的女儿，还可能导致你的女儿变成一个隐秘的暴饮暴食者。在一次以棉花糖为下午茶的玩耍聚会[①]上，我们就看到了食物羞耻感的效果。当其他孩子开始吃棉花糖时，有个小女孩拒绝了，她说她更喜欢吃胡萝卜。她说，胡萝卜是健康的，棉花糖不健康。没错，单独来看，胡萝卜确实比棉花糖更健康，

[①] 玩耍聚会（playdate），多位父母为孩子结伴玩耍而组织的聚会。——译者注

但是，结合当时情景来看，这个女孩的食物选择和她的行为与健康完全无关。

过了一会儿，那些狼吞虎咽一般开心地吃棉花糖的孩子决定回去继续玩。而那个说自己更喜欢胡萝卜而非精制糖的女孩则在餐桌旁徘徊，并在她认为没人注意自己时抓起棉花糖大吃了几口。棉花糖一直放在餐桌上。整个下午，我们看到这个女孩又偷偷地吃了几次。最终，这个孩子不仅吃了很多棉花糖，她还遭受了因为实际想吃棉花糖而造成的尴尬，并且会因为没有足够的意志力抵制诱惑而感到羞耻。对其他孩子来说，棉花糖只是食物。而对这个女孩来说，棉花糖是对其道德品质的一次测试，一次她可能已经不及格的测试。

可是，如果食物不受限制，我们怎么阻止我们的女儿每天晚餐都想吃棒棒糖和蛋糕呢？

遵循"父母提供食物，孩子决定是否吃和吃多少"的原则，我们家里大多数时候只有"日常吃的食物"，所以，当我们的女儿决定吃什么时，她们通常只能从健康营养的食物中挑选。

食物与情绪

有些时候，女孩们即便明显不饿也想吃东西。当你的女儿要吃东西，而你怀疑她不饿时，要让她审视一下自己身体的信号，看看她到底是饿了还是有些无聊。如果她说她饿了，要信任她，并给她提供足量的"日常吃的食物"。如果她是有些无聊，就问她还有什么其他事情是她喜欢做的。

如果你的女儿不是饿了，也不是无聊，那就可能是有别的事情。要问她是否有别的问题，如果有，看看你能否以其他方式来帮她解决问题。例如，如果女儿感到难过，或觉得压力很大，给她一个拥抱或者跟她聊聊感到烦恼的事情会更好。

这种方法是在向女孩们表明，她们掌控着自己的身体和食欲。这也是在向你的女儿表明，你相信她能做出正确的决定，这会在你们之间建立起信任。这样做还能避免有关食物的冲突和在吃的问题上发生对峙，冲突和对峙只会激发双方的激烈情绪。在食物问题上，你灌输给女儿的唯一一种情绪应该是因为感到自己在掌控而产生的快乐感。

如果我们的两个女儿某一天过得很艰难，我们不会用食物来让她们高兴起来（例如，"你今天在学校过得不开心吗？吃个冰激凌吧"）。如果她们伤心，我们不会通过给她们吃饼干来转移她们对痛苦的注意力。我们会鼓励两个女儿表达自己的感受，而非"吃掉"它们，并且会寻找更有效的方式来处理情绪。

我们也尽量不用食物来控制两个女儿的行为，不过，我们并不总能做到这一点。有好几次，我们因为工作上的事情开电话会议，只好用一袋棒棒糖来让两个女儿保持安静。还有很多次，当她们还是婴儿的时候，我们给她们东西吃，是为了让她们待在婴儿车里。有些时候，你只能怎么管用就怎么做。但是，总的来说，我们努力不把食物作为一种奖励，也不把不给食物作为一种惩罚。用食物来控制孩子的行为，会让食物罩上一层本不该有的情绪色彩。我们希望我们的女儿只把食物当作食物。

摆脱节食文化

鼓励与食物形成健康的关系，还需要我们结束对节食文化的沉迷。我们说的节食文化是什么意思呢？文化是"我们如何做事"的一种简略表达方式。它是公认的行为方式,即别人怎么做,自己就怎么做。

很明显,节食文化意味着节食、节食、再节食成为正常生活的一部分。它是不断地试图变得更瘦,但还不止如此。它意味着谈论限制饮食成为日常交谈的一部分。它用讨论体重、样貌和沉迷于食物选择来与他人建立联系(即本章开头提到的"聊体重")。节食文化还意味着用食物选择和身材来评判自己和他人的品格。

如果你的女儿在聊这些话题,要向她解释,所有人的身材和体重都不一样,你无法根据一个人的外表辨别他是否健康。

要想摆脱节食文化,并将你的女儿从中解放出来,你自己就要尽量避免节食。然而,对很多人来说,不节食是无法想象的。如果你做不到,至少要尽量避免当着女儿的面谈论节食和减肥。孩子们的耳朵非常敏感。如果你必须节食,你可以按照营养师梅格·麦克林托克的建议,找到其他方式来谈论你的食物选择。

"比如,如果你的晚餐里没有碳水化合物,不要告诉你的孩子碳水化合物不好或会让你长胖。"她建议,"而要说,'我今天已经吃了足够的碳水化合物,不需要再吃了。'"

澳大利亚身体形象专家、畅销书作者和2016年电影《拥抱》(*Embrace*)的导演塔琳·布鲁姆菲特(Taryn Brumfitt)说,当一句关于我们身体的负面话语突然蹦进我们的脑子时,我们应该把它变成积极的话语。例如,"我讨厌我的粗胳膊"可以变为"我很感激能用我的胳膊去拥抱我爱的人"。或者,"我讨厌我腿上的赘肉和妊娠纹"可以变为"这双腿能让我跑步、走路、跳舞,去我想去的任何地方!"

运动应该是快乐的

对女性来讲,运动往往是一种惩罚,只为消耗她们在聚会上摄入的多余热量,或是为了在入夏前及时修补身体缺陷。

这种做法不仅不大可能让你的女儿爱上运动,还会很快让她讨厌自己的身体。将身体看作她必须打败的敌人,而非呵护的对象。

要鼓励你的女儿为运动的乐趣而运动。营养学家贾斯蒂娜·卡尔卡(Justyna Kalka)说,孩子们需要明白,他们的身体是非常神奇的机器和化工厂,当他们以极端的运动措施强迫自己的身体屈服时,后果可能会非常严重。"要成为一个好动的家庭,要把运动对健康的巨大益处告诉孩子,让他们知道运动能增强身体的健康。"她说,"这样一来,当他们觉得自己的体重或身材有问题时,他们就更可能求助于去海滩上散步,而非节食一个星期,或者他们从杂志上看到的一些疯狂的排毒疗法。"

告诉你的女儿,运动对维持身体和大脑的健康和正常运转是至关重要的。但是,你要避免用身材或样貌这样的措辞来进行这种讨论。运动的方式有很多种。如果你的女儿说她讨厌运动,也许她只是还没有找到适合她的运动方式。

如果我们能鼓励孩子为了长身体、强健骨骼和大脑而积极运动、到户外玩耍、吃健康的食物,而不是他们需要达到体重称上的某个数字,我们就尽到了自己的责任。我们今天比以往任何时候都需要教给我们的女儿知道,目标应该是过一种健康的生活这一过程,而不是要让自己去符合一套由商业利益驱动的美的标准。

身体自信的家庭氛围

下面是一个检查清单,可以发现会帮助或妨碍身体自信的各种因素。虽然这不是一份测试,但它可能会促使你与你们家里的成年人进行一些交谈,以确保你们家是你女儿以及她培养身体自信的一个安全港。

保护因素

1. 你关注的是身体的技能而不是外表吗?
2. 你谈论食物时用的是道德中立的语言吗(例如,"日常吃的食物"和"偶尔吃的食物")?
3. 你是否做出了经常参加运动是因为它很有趣,并且你想照顾好自己的身体的榜样?
4. 你是否教给女儿要信任她的身体,并倾听身体发出的告诉她饥和饱的信号?
5. 你是否和女儿谈媒体里那些有害的、不切实际的女性形象?
6. 你保护你的女儿免受他人对她身体的评判吗?或者你会在这种情况发生时为她辩护吗?
7. 你会避免当着女儿的面与朋友"聊体重"吗?
8. 你是否与女儿谈过人的身体各不相同,有各种肤色、身材和体重?我们都有不同的特点和才能。
9. 你努力保守你对自己身体的负面想法吗?
10. 你寻找过那些关注女孩做了什么而非外表如何的书籍、杂志和电视节目吗?

风险因素

1. 你正在节食吗？
2. 你的孩子正在节食吗？
3. 你对自己的体型和体态进行过负面谈论吗？
4. 你是否谈论他人身体的外表，例如，"她胖了""她不注意自己的形象"，或"她老了"？
5. 你赞美别人的体重吗？例如，"你看起来真漂亮，你瘦了吗？"
6. 你总是先谈论女儿的外表，并且比谈论她的其他品质或成绩更多吗？例如，在芭蕾舞音乐会上，你更可能告诉女儿她看上去多么漂亮，而不是她舞跳得多么好或记得舞步吗？
7. 如果你认为女儿吃得多，你会评论或羞辱她吗？你会说她"贪吃""馋嘴"，或提醒她会长胖吗？
8. 你会强迫女儿吃光她盘子里的所有食物吗？
9. 假如你的女儿是男孩，你会监督或评论其食欲、运动情况或外表吗？
10. 你把食物作为一种奖励或惩罚（例如，"如果你打扫你的房间，你会得到一个棒棒糖"）吗？
11. 你用食物帮助女儿调节情绪（例如，"别哭了，吃饼干吧"）吗？
12. 你用道德语言来谈论食物，或者给食物贴上"好"或"坏"的标签吗？
13. 你从热量的角度来谈论食物，以及什么食物让人发胖、什么食物不让人发胖吗？
14. 你用负面的措辞来谈论运动，将其作为对贪吃的惩罚或者为矫正不合适的体形而必须做的事情吗？
15. 你取笑女儿或给她取与其外貌有关的绰号吗？例如，"胖子""小瘦子""大耳朵""大长腿"或"萝卜头"。
16. 你家里看那些传递对女性身体的负面信息的媒体（例如，时尚杂志或瘦身减肥图书或电视节目）吗？

爸爸怎么做

不要只从外表谈论女儿的身体，也不要当着女儿的面谈论别人身体的外表。

尽管身体形象造成的压力对男孩像对女孩一样正在迅速变成一个问题，但很多爸爸幸运地成长在一个他们不必应对期望他们拥有六块腹肌的压力的时代。因此，爸爸们可能对女儿日益加重的身体焦虑一无所知，并且意识不到自己随口而出的话语会给女儿造成多么大的伤害。

心理学家萨拉·麦克马洪说，爸爸们需要特别注意他们对别人身体的评论。"我听到很多爸爸谈论别的女性有多么迷人的例子。"她说，"当然，孩子听到爸爸说妈妈以外的女性多么迷人是非常不舒服的。但是，谈及别人因为太胖，而该吃某些食物，或者对别人的饮食和身材进行道德评判也可能非常有害。"

什么话不能说

在麦克马洪的帮助下，我们收集了一些有关身体的破坏性话语的真实例子，都是女孩们听到自己的爸爸说过的。

"看那两条小肉腿"

这说的是一个学步期孩子的两条胖乎乎的腿。这句话的本意可能是想赞扬，然而，一个小女孩可能会内化这个她的腿胖的信息，并且可能会把这个信念带入其成年阶段。

"胖侠"（Fatman）

这是给一个小女孩起的绰号，她的哥哥喜欢蝙蝠侠（Batman）。基于身体特征（特别是体重）给别人贴标签或起绰号会让人产生品行的联想，并且会导致一个孩子将自己完全看成是那种外貌描述的样子。

"这个女服务员很漂亮"

这是一位父亲和一位祖父之间的对话。其发送的信息是，外表很重要、迷人会得到奖赏，以及密切注意并谈论别人的外表是一种正常行为。

"你看上去像个难民／艾滋病患者"

这句话是对一个减肥的女孩说的。这些话除了具有排外和歧视患病者的含义之外，还可能对一个女孩的自我身体形象造成伤害。正如我们需要当心肥胖羞辱一样，不羞辱瘦的人也很重要。如果有人天生就瘦，他们不应该因此受到指责；如果有人变瘦了，为此批评他们是毫无帮助的，特别是如果消瘦是由于诸如饮食失调之类的问题行为时。

"只要你减掉一些体重，你就会是一个很漂亮的女孩"

类似这样的话暗含的意思是，女孩不瘦就不可能漂亮，并且强化了迷人是女孩最重要的事情的观念。

除了要避免说出那些可能妨碍女儿培养身体自信能力的话语之外，爸爸还能对女儿的身体自信产生积极影响。高质量地陪伴女儿并与她拥有一个共同的兴趣，会帮助她培养一种与其长相如何毫无关系的自我意识。通过你与你女儿母亲的关系，你还能向女儿表明女性被珍视是因其品格，而非她们的外表。

本章要点

- 总说女儿漂亮，不大可能帮她建立身体自信。事实上，这可能会弄巧成拙，让她认为漂亮是她最重要的品质。当她不可避免地觉得自己达不到理想的标准时，她会觉得自己毫无价值。
- 帮助你女儿培养身体自信的关键是，减少她对自己是否被看作"漂亮"的关心程度。
- 不要谈论女儿身体的外表、也不要谈论你自己或其他任何人的外表。你的女儿越看重身体的机能而不是外表，她就越有可能发展出身体自信。
- 女孩不需要父母指出她们身体上的所有"不完美"之处，因为整个世界都已经在这样做了。她们需要从父母那里听到的是她们这样就足够好，这比什么都重要。我们的女儿需要我们站在她们一边，而不是站在美容或美体瘦身业一边。

第3章

喜欢自己的女孩是自己身体的主人

我们家很少与卡戴珊家族①有什么相同之处，但也有过一次。好吧，确实有一次。当时，金·卡戴珊在社交媒体上发布了一张她5岁的女儿诺思（North）的照片——注意，是诺思涂着口红的照片。

你现在听到那个声音了吗？那是互联网爆发出的怒火和义愤交织的回声。一位网友在社交媒体上自作主张地告诉金，她是一位糟糕的母亲。"活见鬼，你居然不知道你这妈妈当得有多差劲，"这位义愤填膺的网友写道，"我的女儿6岁，从来没要求化妆，因为她依然保持着她的天真无邪。你毁掉了你的女儿。"

而且，人们对金作为母亲的抨击不仅限于口红。诺思口红的颜色加重了金对母职所犯下的罪行。你看，引发讨论的那只口红是红色的。而且，我们都知道，红色代表着欲望、魔鬼。事实上，红色也是艾摩②、圣诞老人的颜色，但在这里它们被忽略了。

---

① 卡戴珊家族，美国知名名媛家族，在美国体育圈和娱乐圈享有盛名。——译者注

② 艾摩，Elmo，美国动画片《芝麻街》中的人物。——译者注

这跟我们有什么关系呢？

同样是2018年的那个圣诞节，我们的两个女儿（时年9岁和4岁）宣布她们想用过圣诞节的钱买化妆品套装。这些套装里配备了腮红、轮廓刷和不同颜色的眼影。而且，当然，里面也有口红。有些甚至是红色的。

当我们的女儿宣布完毕，我们的第一个念头是"绝对不行"。我们翻阅脑海里的养育规则手册，看看女孩什么年龄化妆是可以被社会接受的，发现不管什么年龄，4岁和9岁都太早了。我们想象着两个女儿带着稚拙的妆容走在大街上，人们投来不赞成的目光。然后我们又想到，当朋友们的女儿在我们女儿的带动下开始要求得到属于自己的化妆品套装时，他们会作何反应。

但是，想到了别人会作何反应，我们恍然大悟。

如果完全诚实的话，我们在化妆这件事上的担心，实际上与我们的女儿无关。我们更担心我们自己。真正让我们不安的是，朋友和陌生人会如何看待我们允许两个女儿捣鼓化妆品这个决定。我们害怕在现实生活中遇到小型的卡戴珊困境，并且我们在为自己的利益而试图控制女儿的身体和外表。

身体自主

理解了不愿意让女儿买化妆品套装背后的真正动机，还带来了一个让人不安的认识，那就是这个决定与我们试图教给她们的身体自主完全相悖。

身体自主，指的是我们所有人，包括儿童在内，都是自己身体的主人，都有权做出关于自己身体的决定。这尤其适用于女孩，以及她们成年后要成为的女性。通常情况下，女孩和成年女性被上千种不同的方式教导她们的身体是为了取悦别人而存在，她们需要改变自己的身体或外表来迎合任何别人认可的标准。

女孩们被批评太胖或者太瘦，被批评看着像个芭比娃娃或者不修边幅。人们觉得自己有权对女孩做出这样的评判。与我们在上一章提到的身体自信一样，你的女儿收到的关于她外表的评论可能比其他所有评论加起来还要多。除非父母刻意反击这种无处不在的信息，否则女孩在长大的过程中会相信她们的身体是为了别人而非自己而存在的。

身体自主理念的指导原则

女孩的身体应该属于她们自己，这听上去是显而易见的，而且是毫无争议的。谁不喜欢自己的女儿拥有自己的身体呢？然而，在现实生活中，赋予女孩身体自主权并不是我们擅长的事情。我们常常不得不与我们几十年的成长经历以及人们对儿童的角色和父母的角色依然抱有的很多期待做斗争。告诉你的女儿她们是自己身体的主人，她有权对其做出决定，这是一回事。而我们的所作所为教给女孩的却往往相反，即在身体方面她们根本没有自主权。

我们不只在化妆方面给女孩传递混乱的信息。在穿衣服和佩戴首饰方面也是如此，而且我们很快还会看到，甚至在她们如何对他人的亲昵要求做出回应方面也是如此。

以打耳洞为例。当小维要求打耳洞时，我们脑子里自动闪过的念头是："她太小了。""她长得可真快啊。"以及接下来的，"她会不会影响别的女孩也去打耳洞，惹她们的父母不高兴？"你看，我们之所以反对，与这件事对小维来说意味着什么关系不大，而是基于我们认为什么是恰当的——以及我们认为别人会对我们的决定做出什么反应。

穿衣服的事情也一样。几年前，小维决定穿她最喜欢的裙子去看望她的祖父母。那是一条你能想象出的最脏、最破、最烂的裙子。松紧带已经磨坏了，而且完全不成样子。但是，小维喜欢它。同样的，小艾也经常选择穿一条底部有粉色鱼尾褶边并镶着闪亮饰物的黑色长裙。这种裙子穿着去真人秀《小小选美皇后》走T台都毫不违和。但是，如果她想穿，那就穿吧。

我们希望两个女儿有时能选别的衣服吗？当然希望。

我们会否决她们眼里的时尚之选吗？不可能。

一些朋友说，父母有责任介入，以便教他们的孩子在不同的场合穿合适的衣服。穿着"得体"是尊重他人的表现，特别是当孩子们看望祖父母或者参加正式聚会的时候。

他们说的或许有道理，然而，我们认为有一个更大的问题摆在那里。更大的课题是，应该允许孩子们对自己的外表负责，尤其是女孩。每当我们告诉女孩她们选错了衣服，我们就在是破坏她们在做决定方面的信心。我们就是在告诉她们，我们对她们外表的看法比她们自己的看法更重要。

身体所有权的指导原则

那么，你的界限划在哪里？对于你女儿对自己外表的选择，哪些是可以接受的，哪些是不可接受的？你如何判断什么时候你的女儿应该自己决定她的外表，什么时候你应该否决她呢？

我们使用的指导原则是：如果既不会对她造成伤害，也不是永久性的改变，那么我们的女儿就可以自己决定，我们也会支持她的决定。

就是这样。这是一条简单的原则，但它能让棘手的情况变得明朗。

关于伤害的规定非常直接。我们不希望我们的两个女儿受到伤害，所以，如果她们想做一些我们认为太危险的事情，那么答案就是"不行"。

我们坚持改变不能是永久性的，是试图避免两个女儿做出一个无法轻易撤销的决定，一个她们长大后可能会后悔的决定。

如果我们的两个女儿想对自己的身体做一些既不危险也不是永久性改变的事情，我们会支持她们，即使这不是我们的首选。这包括用临时纹身装饰她们的脸和染头发等一切行为。当然，永久性纹身是不可能的。至少现在是这样。

回想起打耳洞，问问你自己："打耳洞有害吗？会造成永久性的改变吗？"答案是无害的，也不会造成永久性的改变。运动时，耳环可以用胶带粘住或者取下来，因此不会造成伤害。如果我们的两个女儿以后决定不要耳洞了，她们可以不再戴耳环。耳垂上只会留下一个小小的印记。

我们利用小维对耳环的要求来强化有关身体自主权的信息："这是你的身体，所以这是你的选择。"

果然，第二天小维一去学校就告诉她所有的朋友她要打耳洞。这让其他父母大吃一惊。但是，如果我们告诉小维她不能打耳洞，我们教给她的就会是，她的身体不由她做主，她的身体取悦我们比取悦她自己更重要。

当我们的两个女儿选择的衣服会限制她们的活动能力时，我们有时候会进行劝告。我们不知道你是否见过一个4岁的孩子穿着用硬薄纱做成的、裙摆向外直直伸出的芭蕾舞裙试图爬上健身器,但看上去并不容易。穿着美人鱼的尾巴去荡秋千也是可以的,但并不会特别舒服。但是,如果我们的女儿坚持要穿一件会束缚她们的衣服,她们就将不可避免地自己发现这一点。这本身就是关于身体自主的宝贵一课:如果她们想穿飘逸的大裙子,那么她们就会限制自己的乐趣。而且,在许多情况下,亲身经历过这一教训之后,我们注意到我们的女儿在以后的场合中通常——未必总是,但通常——会选择更实用的服装。

"伤害"不只是身体上的

身体自主原则有一个注意事项。这个注意事项就是:伤害也许并不总是身体上的。伤害也可以反映在心理或社会方面。在这里,背景是关键。

例如,朋友7岁的女儿想脱腿毛。这件事之所以变得至关重要,是因为一个同学告诉她,她的腿毛茸茸的。事实上,这是温和的说法。这个小女孩听到的是,她腿上的毛多得让她看起来像一只猴子。

这位母亲显然很矛盾。虽然她认为7岁开始脱毛还太早,但她也不愿意看到女儿受苦,并且想帮助她感觉好起来。而且,当你自己在脱毛时,也很难告诉女儿她不能脱毛。

这位母亲问我们,如果我们处在她的情况下会怎么做。我们说,如果是我们的女儿,我们不会让她脱腿毛。当然,脱毛的过程不会伤害到她的女儿(而且也不是永久性的改变),但是,鼓励一个女孩因为别人的看法而改变自己的身体——更不用说可能是一个潜在的霸凌者的看法——对树立身体自主权毫无益处。相反，这与身体自主原则完全相反。

对这个女孩来说，脱腿毛从长远来看不会让她对自己感觉更好。这样做只会强化这个观念：她的身体出了问题，甚至连她妈妈都认为需要修复。

如果当初那位同学告诉这个女孩她的嘴唇太薄，她的母亲会考虑给女儿的嘴唇注射胶原蛋白吗？如果她的女儿皮肤黝黑，而一个孩子告诉她，她的皮肤太黑了呢？我们此刻讨论的会是漂白皮肤吗？或者，如果有孩子说我们7岁的女儿太胖，我们会让她喝减肥奶昔吗？

如果我们不是生活在一个物化女性并不断说她们的外表不够好的世界里，这就不是一个大问题。但是，女性每天都会受到关于她们应该是什么样子和不应该是什么样子的信息轰炸。这些关于什么是可以接受的、什么是不可以接受的规定不仅不断变化，而且几乎总是来自别人。将有关外表的决定权交给外界，是女性无法控制自己身体的另一种方式。

对一个7岁的孩子来说，这是一个很痛苦的教训，但想象一下，如果能帮助你的女儿认识到，她的可接受程度并不取决于学校里那个刻薄的女孩对她身体的评价，或者电视广告、她喜欢的男孩或杂志说她的身体有什么问题，这将是一份多么美好的礼物啊。

遇到以下这类情形，我们会这样对女儿说：

1. **总会有人试图告诉你，你有问题**。有时候，这些人很刻薄，想伤害你。另一些时候，他们是试图向你推销一些东西，以解决他们告诉你的所谓"问题"。还有一些情况下，人们可能只是毫无头绪，无意识地重复别人对他们说过的蠢话。所有这些情况都有一个共同点，那就是，它们都不是改变你自己的好理由。看看你的应对批评的卡片（详见第1章），提醒自己，如果这个女孩没有把你的利益放在心上，而且如果你不尊重她的意见，那么她就没有赢得被倾听的权利。

2. **不要让别人决定你是否足够优秀**。这是你的权利，是你的超级力量。不要放弃它。
3. **每个人的身体都是不同的**。有的人高，有的人矮。有的人胖，有的人瘦。我们的肤色各不相同。是的，有些人的毛发比其他人的多。这些差异都与你是什么样的人无关。没有正确的身体和错误的身体之分；有的只是你的身体，而且你的身体让你活着，让你在攀爬架上荡悠，让你和朋友们一起欢笑，让你与我们拥抱。你的身体没有任何需要修复的地方。

但是，现在的孩子是不是过于早熟了？

你可能会认为这一切都很好，但是，难道我们不应该保护女孩的"纯真"吗？尤其是女孩，被性化的年龄是不是越来越小了？每隔几个月就会传出一则丑闻，说某家百货商店向女孩销售有辱人格和物化女性的服装。我们看到过印有"未来人妻""傻白甜""可爱但变态"等字样的T恤衫。

需要说清楚的是，我们并不是说女孩的性化现象不存在。我们也不是说这种担忧没有根据。恰恰相反，有很多例子表明，很多公司在女孩还没有机会形成性别认同之前就鼓励她们炫耀自己的"性感"。我们和其他父母一样，对在一种只为女孩提供性感或不性感两种选择的文化中养育女孩感到担忧。

但是，女孩们被大量制造和营销强加的性别认同，与女孩们决定用自己的身体取悦自己之间是有区别的。一个是公司对孩子们的掠夺，另一个则是孩子们的游戏。当然，这种区别取决于环境。跟我们所有人一样，女孩不会孤立地做出选择；她们会接受周围人的态度、品味和行为，并将其内化为自己的一部分。没有人在真空中长大。我们会反映并受到我们成长于其中的文化的影响。女孩们也受到广告、传媒和社交媒体的影响——和我们一样。

当一个女孩做她认为别人想让她做的事，而不是因为好玩、好奇或角色扮演而做自己想做的事时，问题就来了。例如，我们女儿的一个朋友开始在学校里穿运动文胸。当时她才6岁。"这太荒唐了，"你可能会说，"小女孩成熟得太早了。这个孩子正在变成一个性玩物。"

但是，问问你自己：是谁把这个小女孩变成了性玩物？

在一个小女孩的躯干上绑上一些东西，本质上并没有什么性感可言。一个6岁的孩子穿运动文胸并不是为了性感。6岁的她可能连这个词都没听说过，更不用说理解它的含义了。女孩的父母并没有让她参加选美，也没有让她参加那种训练未成年女孩抛媚眼来推销成人用品的让人毛骨悚然的模特表演。她想穿运动文胸，是因为妈妈就是这么穿的。当一个女孩因为想学妈妈或想扮演大人而主动提出时，这是纯真的表现。这和我们的女儿想穿淑女衣服、穿高跟鞋或拎手提包没什么区别。这个小女孩想穿和妈妈一样的内衣也就不足为奇了。通过把我们的价值判断投射到孩子身上，我们把一件衣服变成了一次道德恐慌。

当我们禁止一个小女孩这样穿衣时，我们再一次向她传达了这样的信息：她无权控制自己的身体。我们在告诉她，别人认为她应该怎样对待自己的身体，比她想怎样对待自己的身体更重要。我们也在含蓄地告诉她,通过一个女人所穿的衣服来判断她的品格是可以的。如果我们真的关心保护女孩的纯真,那么我们就应该让她们不受这些态度的影响,而不是帮忙向她们灌输这些态度。

化妆也是如此。卡戴珊受到抨击的背后是基于这样一种假设,即女孩或成年女性化妆的动机是为了取悦男人,而不是为了取悦自己。关于女孩"可接受"的化妆规则是混乱的。为什么唇彩可以,口红就不行?为什么女孩涂脚趾甲她的妈妈不会被抨击,涂口红就不行呢?一个女孩可以在舞蹈演出中画一整张脸的精致妆容而没有人说什么。但是,如果一个小女孩笨手笨脚地把口红涂在眉毛上,那她就是"过于早熟"?

那种认为在一个女孩的嘴唇上涂上颜色会毁掉她的纯真,使她走上毁灭之路的观点不仅荒唐可笑,而且与人们在女孩和成年女性成为攻击行为的受害者时反过来指责她们一样,让人感到不舒服。它强化了这样一种观念,即化妆——尤其是红色的口红——是对男人的性邀请,或者一个女孩或成年女性化妆,就是在主动发出这种邀请。

看着两个女儿开心地摆弄着她们的化妆品套装,我们认识到,关于女孩什么时候可以化妆的问题是个伪命题。重要的不是"什么时候",而是"为什么"。运动文胸也是如此。

为什么女孩们想穿运动文胸?如果女孩穿文胸或其他任何东西对她们来说是一种乐趣,而且——最重要的——是由她们主动提出的,而不是某些外在的期望,那么它就不会造成伤害。事实上,如果禁止这类活动,我们就有可能把纯真的事物性化,把游戏变成一种羞辱和剥夺权力的行为。

我们的女孩为什么想玩化妆游戏?不是因为她们在把自己性化或自我矮化。不是因为她们在掩饰自己的"缺陷"或试图取悦某人。对她们来说，化妆是一种游戏，一种有趣的创造性自我表达的形式。即使她们用的是红色口红。

小女孩与亲吻

到目前为止，我们关注的是女孩对自己外表的控制。但是，身体自主权不只关乎一个女孩穿什么衣服或者在脸上化什么妆。同样重要的——甚至可以说更重要的——是她是否能决定表达情感和亲昵的方式以及向谁表达。

对于很多父母来说，这正是身体自主变得更加困难的地方。有多困难呢？让我们看看下面的例子。

凯茜的故事

几年前，在我常去的一家咖啡馆里，一位给我端咖啡的男侍者对小维说："来，亲我一下。"

我在心里大叫："别让我的女儿亲你！太恶心了！"

我想起了小时候别人把脸凑过来强迫我去亲的那种不适感。尽管我小时候有过这种不愉快的经历，但我没有站出来为小维解围。我默默地站在一旁，看着我的女儿犹豫不决、向后闪躲，然后屈从了。

就我的判断，这个人并没有恶意。我不想冒犯他，也不想把气氛搞僵。我当时一副讨人喜欢的好女孩模样，而这也是我努力不想让两个女儿成为的模样。我首先考虑的是确保和谐和安抚一个半生不熟的人，而不是优先考虑我女儿的意愿。

我错了。

通过保持沉默并默许一个陌生人对小维索吻，我实际上在告诉我的女儿:"你可以拒绝——除非你让别人感到尴尬或难堪,那样就不能拒绝了。"

即使对于成年人来说,这都是令人困惑的信息。对于一个孩子来说,那肯定是完全摸不着头脑的。如果我们能从孩子尤其是小孩子身上学到一个教训,那就是他们不懂语言的微妙之处。大多数时候,孩子们都是以绝对的方式思考问题。语言的微妙之处要到以后才能被孩子理解。

谈到表达亲昵,女孩们需要知道,如果她们不想亲吻某人——或者不想被某人亲吻——那么她们就不需要这样做。为了让我们的女儿在运用自己身体自主权并拒绝别人的亲昵要求时感到自信,她们需要知道,作为父母,我们将无条件地支持她们。无论这会让我们还是让索吻的人感到多么尴尬。

在咖啡馆那个场合,以及以前所有的场合,我原本都应该介入,并且用行动给小维示范说"不"没关系,即使会让人感到尴尬。

用击掌代替亲吻

我们仔细考虑了发生在咖啡馆的索吻事件及其对小维在谁是她身体真正的主人的认知方面所产生的影响。从那一刻起,我们决定永远不会要求我们的两个女儿去亲吻任何她们不愿意亲吻的人,而且还积极帮助她们发展一些社交上可以接受的策略,来礼貌地处理这些情形。现在,当有人向我们的女儿索吻时,我们会建议她们跟对方击掌或握手来代替亲吻。英国性教育论坛主任露西·埃默森(Lucy Emmerson)建议父母给孩子提供若干替代做法来选择。她说:"干预可能会引起尴尬……但如果我们真想教给孩子他们是自己身体的主人，他们应该听从自己的本能，那么这样的干预就是必要的。建议孩子用击掌、拥抱、飞吻或招手等替代方法，可以让孩子掌握主动权。"

　　澳大利亚性教育专家玛吉·布特里斯（Margie Buttriss）说，在没有指导的情况下，孩子们可能很难知道如何应对不受他们欢迎的亲昵。她说："我们说的是类似这样的情况，比如，奶奶猛地冲过来想要亲吻孩子，而如果孩子不想这样做，他们能做些什么。他们可以礼貌地说：'不用了，奶奶，我们来拥抱一下好吗？'"在陌生人向孩子索吻的情况下，布特里斯还建议孩子选择击掌或者碰拳头。

　　这些选择给了孩子关于如何回应善意示好的更多选项。孩子们通过这种方式进入了社交礼仪的世界，认识并认可他人，同时也设立了界限。女孩应该理所当然地拥有说"不"的权力——即使这样做可能会冒犯他人。个人界限应该从孩子小时候就开始教并一直教下去。

　　每一个索求亲昵的要求，都是强化这一信息的机会——无论是在实践上还是理论上——即只有你的女儿自己能决定与谁亲吻／拥抱。

反应过度了吗？

　　毫无疑问，有人会说我们的击掌策略反应过度了。他们称我们为"亲吻警察"，指责我们没教会两个女儿懂礼貌。我们决定不强迫两个女儿亲吻别人的做法登上了国际新闻头条。一位女士告诉我们，按照我们的标准，她将无法亲吻她的孙子，这将让她心碎。

需要明确的是，我们并不是在暗示祖父母是性侵犯。我们也不是说孩子不应该与祖父母或其他亲朋好友亲昵。我们的女儿喜欢与她们的祖父母以及其他亲近的大人拥抱、偎依。我们鼓励她们这样做。

有些家庭和文化比其他家庭更注重身体上的亲昵。我们并不是在暗示这种亲昵有什么问题。实际上，在很多情况下，这种亲昵可爱、温暖而且充满肯定。但是，这并不是亲昵的问题——而是关于选择以及由谁来选择的问题。如果一个女孩想亲吻和拥抱她的祖母，那是很好的。如果她不想这样做，我们相信她不应该被强迫去做。但愿祖母能够理解，她孙女拥有掌握自己身体的权力比她（或其他人）对身体亲昵的欲望更重要。

虽然这些来自祖父母的要求可能是无害而且充满善意的，但情况并不总是如此。想象一下几年后的未来，你的女儿将要面临其他亲昵的请求和需求，这些请求可不像祖母的那样纯真和充满善意。当她找到的第一份工作是服务员，并遇到一个猥琐的顾客把手伸进她的裙子里时，她怎么办？她应该因为不想显得无礼或冒犯他人而忍气吞声吗？当你女儿的男朋友逼她发生性关系时怎么办？当学校里酷酷的男孩要求她发送裸照时怎么办？研究表明，绝大多数女孩对这些情况完全没有准备。发表在《性研究与社会政策》（*Sexuality Research and Social Policy*）杂志上的一项名为《"我该怎么办？"：年轻女性的裸照困境》的研究发现，在接受调查的近500名12～18岁发过裸照的女孩中，只有8%的女孩是真的想发送这些照片。其余92%的女孩这样做是为了取悦他人、顺从男孩或者避免与男孩发生冲突。

一些人可能会反对，认为从给祖母一个亲吻到被男朋友强迫发裸照之间的跳跃太大了。但是，再说一次，这不是关于亲昵的问题，而是关于身体自主权的问题，是关于一个女孩控制自己身体的能力的问题。即使在这样做会冒犯对方的情况下。

这种要求孩子立刻做出亲昵行为的习惯，是我们每天教给孩子们——尤其是女孩们——的那些小事之一，即她们应该调整自己的情绪反应来取悦他人。女孩很快就会学到，不惹爷爷（或者奶奶、或者叔叔阿姨）不开心比让自己感到舒适更重要。女孩必须违心地用自己的身体做一些事情来取悦别人。她学到的是：女孩并不是自己身体的主人。

除非我们采取措施加以纠正，否则这可能会伴随她一生。

身体所有权需要练习

我们会认为孩子在16岁生日当天自然而然就知道怎么开车吗？当然不会。我们会教他们。我们确保他们在有经验的驾驶员和训练有素的教练的指导下学习，并让他们有机会在安全的情况下练习这些新技能。我们鼓励他们在城市街道、高速公路和开放道路上体验驾驶。我们教他们停车和转弯、变道和换挡。我们确保孩子在独自上路之前已经有过好几个小时的驾驶练习。

然而，当涉及到身体所有权时，我们却表现得好像这是孩子们在16岁或18岁或任何一个生日当天突然"领悟"的东西。更糟糕的是，从出生那天起，家人可能就一直在教女孩相反的观念：她们必须用自己的身体来取悦别人。我们怎么能指望女孩在关键时刻就神奇地忘记这一点呢？

父母们往往在不自觉地将他们对女儿的认可和喜爱与女儿取悦他人的行为——不管是通过装扮外表还是违心地顺从索吻的要求——联系起来。当女孩真正行使对自己身体的所有权时，她们可能会感受到家人的失望——因为她们"惹了麻烦"或者让别人尴尬了。简而言之，我们倾向于将社会认可甚至关爱与女儿顺应他人的愿望联系起来，而不管她们自己想要什么。

如果一个女孩从未在家人和朋友这种安全的人际关系环境中练习过掌控自己的身体——如果她总是被告知她必须取悦他人并且不要惹麻烦——那么当涉及其他关系，尤其是涉及恋爱关系和性关系时，她就不可能觉得自己能维护自己的界限。

如果你倾听那些说自己感受到压力而要与男孩发生关系或分享隐私的女孩，你经常会听到她们说她们觉得自己没有别的选择。一位参与过前文提过的《"我该怎么办？"：年轻女性的裸照困境》调查的14岁女孩说："我的男朋友花了好几个小时逼我给他发我的裸照。现在他威胁说，如果我不给他发更多更下流的照片，他就会把这些照片散播出去。我不得不做的那些事情让人难以置信。"

请注意，这位女孩说的是"我不得不做的事情"。她觉得自己别无选择，只能发送自己的裸照，因为如果她不这么做，她男朋友就会惩罚她。虐待关系正是这么定义的。此类虐待开始并升级的一个原因是，许多女孩觉得自己没有身体所有权。如果她有更强烈的身体所有权意识，她可能一开始就不会发送那些照片，从而不给他勒索她的机会。当然，这个问题的一大部分在于她的男朋友认为女朋友的存在是为了取悦他。但与此同时，她觉得好像自己别无选择，只能向压力屈服。这种情形让人担忧的另一个因素是，这个女孩没有向她的家人寻求帮助。有可能这个女孩家里从来没人做出过身体自主的表率，她可能会认为她的父母不会支持她。

很多女孩已经习惯性地觉得她们的身体不为自己所有。这就是我们从小教给她们的东西。而且，我们是在最亲切也最平常的场合——比如家庭聚会——教给她们的。我们实际上告诉女孩的是,向他人表达亲昵是再正常不过的事情,即使她们并不情愿。

令人吃惊的是,我们在女孩的整个成长过程中一直告诉她们的是她们的角色是让他人感到满意,可当她们进入青春期并且荷尔蒙激增时,我们却责怪她们做了错误的选择。既然我们已经教给她们要取悦别人,为什么会期待她们突然做出相反的行为呢?

三分之一的人认为你女儿的身体不该由她做主

2017年,美国女童子军组织建议父母不要强迫女儿向他人表达亲昵。该组织在假日季节到来前在他们的网站上发布了这样的话:"当你担心你的孩子可能不会主动表达亲昵时,你是否坚持说过这样的话:'叔叔刚到,快去给他一个大大的拥抱!'或者'姑姑给你买了那么好的玩具,去亲亲她吧'"?

如果是,今后你这样做时可能要重新考虑一下了。你可以这样想,告诉你的孩子因为她很久没见到某个人或者因为他们送给她一个礼物,她就欠对方一个拥抱,那么将来有人请她吃饭或者为她做了别的看似为她好的事情时,她就会怀疑,自己是否"欠"对方任何形式的肢体亲昵?

正如我们自己所经历过的那样,美国女童子军组织发布这一建议后受到了广泛批评。美国的《今日》(*Today*)节目进行了一项关于观众是否同意女童子军组织的这个建议的调查,1/3

的受访者表示反对。

这表明，在涉及到女孩时，我们要教给我们的女儿她们事实上确实是自己身体的主人，我们就需要采取清醒而深思熟虑的步骤来灌输这种信念。

她的身体所有权比你的舒适感更重要

要做好感到难堪和尴尬的准备。第一次有人向你的女儿索吻而她因为感到不舒服而左右为难时，你就要介入，说："击个掌怎么样？"这样做可能会造成一些后果。打破家族世代延续的模式需要胆量。

但是，如果我们想要养育喜欢她自己的女孩，就必须冒着破坏家庭关系的风险。仅仅告诉我们的女儿，她们拥有自己的身体并且不必迁就别人的愿望是远远不够的。我们希望她可以从长期的生活经历中知道，她可以在有关自己的身体的事情上做出不受欢迎的决定，而且仍然能得到我们的爱和接纳。要想让一个女孩真正拥有身体所有权，她就必须知道自己可以自由选择，即使她生活中的一些重要人物不喜欢她的决定。

避免与亲朋好友之间可能出现尴尬的一种方式，是坦率地与他们谈谈用击掌代替亲吻的新做法，并解释背后的原因。你可以告诉他们，如果你的女儿选择与他们进行身体上的亲昵，那很好，但如果她不愿意，那么接受和鼓励她的身体自主权对你和你女儿的幸福至关重要——不管就当下还是未来而言。一些人可能会反对。考虑到在女孩和成年女性应该如何行为和回应这件事上，你对抗的是几十年甚至几个世纪的文化制约，如果没有人在你的生活中制造一些波澜，那倒是怪事一桩了。所以，你不必在意。你决定如何养育女儿，无需征得他人同意。你不需要他们的批准——但你确实需要他们尊重你的决定——以及你女儿的决定。

这里所说的并非只是家人和朋友。作为父母的我们在不同意女儿的决定时，也需要待之以尊重。事实上，当女儿的选择不合我们的意时，我们才尤其需要遵守对她们的身体自主权的承诺。当我们的两个女儿想要对身体做一些我们不同意的事情——例如，小维头发长了却仍旧拒绝剪发，或者，小艾想戴着浮潜面具、穿着睡衣去咖啡馆——我们就会对她们说："我们是不会这么做的，但这是你的选择。你的身体你做主。"我们谨守我们在身体自主权这件事上的原则：如果既不会产生伤害，也不会造成永久性的改变，那就由孩子自己决定。

有时候，我们很难不对女孩的某些决定说三道四，但是，与她们对于身体的那些既不会产生伤害也不会带来永久改变的决定相比，身体自主权要重要得多。

用正确的名称称呼所有身体部位

中国哲学家孔子曾被问及新统治者的首要任务是什么。他回答道："正名。"用今天的话说，就是"用正确的名称称呼事物"。

谈到做自己身体的主人，用正确的名称称呼所有身体部位同样适用。在很多家庭，我们的身体部位，特别是生殖器，甚至都没有属于自己的名字，而是被称作"下面""私处"或者"前面""后面"。这就像是把胳膊称作"摆动的部位"，把腿称作"走路的部位"。

不论你觉得自己能多么放松地谈论关于生殖器的话题，假如你连正确的名称都要回避的话，那么孩子是会一眼看穿的。因此，如果我们希望我们的女儿觉得拥有外阴和阴道就像拥有胳膊和腿一样自在，我们首先就得用正确的名称来称呼它们。

正确地称呼你的女儿的生殖器不只是为了克服羞耻感或掌握医学名词，同时也是为了保障她们的人身安全。如果一个孩子受到成年人或者其他孩子的虐待，她需要有能力把自己遭遇的事情用成年人能够轻松并且准确理解的话语表达出来。如果你从未正确地称呼女儿的生殖器，她就缺少语言和信心来告诉你"那里有没有发生不好的事情"。用委婉语来称呼生殖器，特别是只在家庭内部使用的词汇时，还会增加孩子在向老师或者医生等非家庭成员求助时被误解的可能性。

加拿大性教育专家丽巴·斯普林（Lyba Spring）就见过使用不正确的称呼导致虐待未能被阻止的情形。她说："（有个女孩）只知道用'曲奇饼干'来称呼外阴。当她试图告诉老师有人想要她的曲奇饼干时，老师告诉她应该给他。很明显，这样做的后果是虐待还会持续下去。她缺乏表达自身处境的手段。"

了解身体部位的正确名称甚至可以让虐待从一开始就不发生。研究表明，一些性犯罪者会避开那些知道自己生殖器正确名称的儿童，因为这表明这些孩子懂得更多，知道保护自己。

确保你的女儿了解生殖器的外观

在我们家的书架上，有关人体和青春期的图书放置在童话故事书和动物园里的动物图书之间。这些书里有生殖器和生殖器官的插图。一些朋友看到后向我们提出了疑问：要是被其他孩子看到怎么办？看了这么清晰的照片，孩子会不会遭受创伤？需要说清楚的是，我们这里谈的并不是色情制品，而是关于身体部位的科普图解。小女孩见到外阴和阴道的图片就会受到创伤的想法可以追溯到20世纪60年代的妇女解放运动时期。那时候，人们认为妇女拿着镜子检查自己的生殖器就是非常激进的做法了。今天，如果一位女性到成年时还没有看遍自己身体的每一寸肌肤，那会非常奇怪。

不过，从很多方面来说，情况在过去50年里变化不大。阴道依旧是秘密、羞耻和虚假信息的一人来源。在这个关于女性生殖器的色情图片和精修图片满天飞的世界里，女孩在成长过程中相信芭比娃娃在解剖学上是正确的，而自然的阴道是恶心的。当这些女孩达不到芭比娃娃的标准，她们就会觉得自己是个怪胎，并且越来越多的人会采取极端手段来修补她们所认为的"缺陷"，例如，接受阴唇整形手术，即修剪大、小阴唇。

一项针对全科医生的国际研究显示，要求接受阴唇整形手术的18岁以下的女孩的数量正在增加。在澳大利亚，自2003年以来，人数已经增加了两倍。在许多情况下，这些女孩的外阴还没有发育完全，而且她们的生殖器实际上没有任何问题。

同样重要的是，女孩要明白她们的外阴部位有三个开口，分别是用来排尿的尿道口，用来生产的阴道口（生育机制可以稍后再谈），和用来排便的肛门。

坦诚地与女儿谈论女性生殖器，对于我们这一代在保密和羞耻中长大的父母来说真的非常困难，但除非我们能找到一种方式来克服我们自己的障碍，否则我们就很可能会把老观念传给女儿。开始接纳自己的身体，是走向身体自主的重要一步。

自 慰

我们很不想告诉你，但儿童确实会自慰。是的，甚至你的女儿也会。

这听起来似乎显而易见，但很多父母似乎拒绝承认这一点——或者认为他们能简单地让它消失。例如，我们曾经听到一位妈妈在公园里对着许多妈妈说，她"逮到"她家的学龄前孩子"摸自己"。

这位妈妈继续说："所以我告诉她，她的屁股很脏，任何时候都不该去摸。"

在网上快速搜索一番后，我们还发现，这位妈妈并不是唯一认为告诉女孩她们身体的某些部位"很脏"是个好主意的人。

"我的女儿5岁，最近她开始探索自己（原文如此）。"一位忧心忡忡的妈妈在社交媒体的一个妈妈群里写道，"我抓到她在洗澡的时候摸她的阴蒂，我还发现她把小毯子夹在两腿中间晃来晃去……我告诉她，我们必须牢牢记住，我们的身体很特别，而且她做的事情对她的身体没有好处，因为她可能会伤到自己。"另一位母亲补充说："我只是说'你的屁股不是玩具。它很特别，你不能再玩它了'。"接下来是另一位母亲的话："我不允许在家里自慰。"

虽然相信可以简单地通过一句命令来杜绝自慰是一种妄念，但考虑到由性引发的尴尬和不适在家中世代相传，这种观点也并不奇怪。从历史上看，女性一直被教导要以羞耻和尴尬的态度看待自己的生殖器。正如南希·弗莱迪（Nancy Friday）在《我母亲/我自己》一书中所写："性的自我发现是婴儿期和童年期唯一不被庆祝的自我发现。当孩子学会用勺子吃饭时，所有人都会说：'是不是很棒？快用相机拍下来！'但当她发现自己的阴道时,却没有人说:'这个发现比别人早了6个月,她真是个可爱的宝贝!'"

弗莱迪的这本书于1977年首次出版,但她所传达的信息对现在来说与当年出版时一样重要,一样有意义。孩子们探索自己的身体是正常和健康的。触摸阴蒂的感觉很好,所以女孩当然会想要触摸它。试图用命令杜绝自慰不仅无效,还会强化一种观念,即女孩不能主宰自己的身体,也无权为了快乐而快乐。它让女性是被动的这一刻板印象延续了下来:她们不能满足自己的需求,因此必须依赖他人(男人)的照顾。

自慰要讲究时间和地点

然而,孩子们也需要知道,孩子(或者任何人)在公共场合自慰是不被社会接受的。作为父母,我们所面临的挑战是,既要教女孩自我探索的规则,又不能让她们对自己的身体感到羞耻和无能为力。我们可以从"凡事都得讲究时间和地点"的角度来处理这个问题。我们都知道如何教育孩子有些时间和地点可以尽情玩闹,而有些时间和地点则必须保持安静,同时又不会让她们感到羞耻和尴尬。这些规则可能需要耐心并多教几次,但它们非常简单明了。同样的方法也适用于自慰。自慰的时间和地点应该是在一个人独处的时候,私下里进行。这只是另一条"时间和地点"规则,孩子们可以把它和其他"时间和地点"规则一起"归档"。

如果你不知道如何开口——这也是可以理解的,因为这些话语可能在你小时候从来没人对你说过——下面是一个关于该怎么说的建议。当你看到女儿触摸自己的阴蒂时,告诉她那是什么。例如:"那是你的阴蒂。你摸它的时候,感觉会很好。大人也会触摸她们的阴蒂。关于阴蒂的规则是,你只能在独自一人的时候摸它,比如在卧室里。"

这么做会让你的女儿知道自慰是正常的,女人都会这样做,同时确保她明白这样做要讲究时间和地点。下次当你看到女儿在公共场合触摸阴蒂时,你只须温柔地提醒她那个规则。例如,"还记得关于阴蒂的规则吗?你只能在一个人的时候触摸它,比如你一个人在卧室里的时候。"

为了女儿,你要克服自己的胆怯

有了孩子并且不得不面对这些问题,可能会让一些父母意识到,他们在性这件事上并不像自己想象中那么自由。尽管我们自己感到一些不适,但我们的目标应该是养育对自己的生殖器没有羞耻感、恐惧感或尴尬的女孩。如果我们承认,一个喜欢自己的女孩相信她拥有自己的身体,那么她也拥有自己的性器官。考虑到对于女性的性和生殖器的无知、羞耻和尴尬的文化和历史,只有我们打破性沉默和性羞耻的恶性循环,她才能从中解脱。

爸爸怎么做

你可以通过游戏教你的女儿身体自主权。

你能传授给你的女儿的最重要的一课就是,"不"永远意味着"不"。这听起来既简单又明显。然而,这是我们需要教女儿并且不断强化的。其中一个方法就是通过游戏，比如父亲经常与女儿玩的挠痒痒和打闹游戏。如果你在给你的女儿挠痒痒时，她尖叫着说："不，不，住手，爸爸。"请立即停止。

这时，她可能会问你为什么停下来。如果她问了，你可以告诉她是她让你停下来的。例如，你可以对女儿说："我不挠你痒痒是因为你说不。如果你要求别人停止，他们就必须马上停止。"你这样做是在告诉她，她有权要求她人生中的其他人这样做。你是在告诉她，她的愿望很重要，她不应该担心或害怕表达这些愿望。

如果你在她要求你停止后还不停止，你可能会无意中教给她，她无权期望自己的愿望得到倾听或满足。你还可能是在训练她，让她相信一个体型比她大的人用身体力量压倒她是可以接受的——即使她要求对方不要这样做。

许多爸爸对游戏会被这样理解的说法感到震惊。但游戏就是孩子的学习之所。孩子，尤其是年幼的孩子，往往无法理解其中的细微差别。他们不一定能分清在和爸爸玩游戏时，"不"的意思是"继续"，而在其他情况下却不可以。孩子的思维是绝对的，如果你希望你的女儿有勇气和信心对其他男人和男孩说"不"，那么你就是教给她这一点的最佳人选。

本章要点

- 在生活中，你的女儿会经常遇到别人试图控制或利用她的身体的情形。可能是朋友告诉她需要节食。可能是社交媒体上的"网红"或者美容、减肥和时尚行业为了利益操纵她。可能是男朋友逼她自拍裸照或要求口交。可能是老板喜欢在办公桌前给她"按摩"。我们无法保护我们的女儿免受她可能遇到的所有"有毒"的经历，但我们可以通过教给她，她——也只有她——有权决定如何对待自己的身体，并有权希望其他人尊重她对自己身体的意愿，来让她做好准备，以她能做到的最好的方式来应对。

· 只有话语是不够的。我们需要树立身体自主权的榜样，教给你的女儿，并寻找机会让她练习维护身体自主权。特别是这样做让我们这些做父母的感到不舒服时，也需要这样做。包括支持她不向成年人表达亲昵的权利、允许她自己决定穿什么衣服、如何剪头发以及如何打扮自己。请记住，我们的指导原则是：如果不会对她造成伤害，也不会造成永久性的改变，那么就由你的女儿来决定。作为父母，我们的工作就是支持她的决定和她做出决定的权利。

· 如果一个女孩对自己的身体感到羞耻或尴尬，她就不可能完全拥有自己的身体。用正确的名称称呼生殖器，并且在提到这些身体部位时，要像讨论其他身体部位（如手臂或腿部）一样轻松。

· 通过遵从女孩的意愿，并且在挠痒痒或打闹游戏中，在女孩说"不"的情况下，不允许（通常情况下）任何块头大、身体壮的男孩和男人无视她的要求，违背她的意愿，来强调"不"永远意味着"不"的原则。游戏是孩子们的学习之所，也是关于身体自主权的重要课程开始的地方。

第4章

喜欢自己的女孩是平静的

对于孩子的表现和发展,我们这一代父母似乎比历史上任何一代都寄予更多的期望。50年前,如果你的孩子在一天结束时还活着并且没饿着,你就会因为自己做得很好而感到自豪。但是,今天,我们投入大量时间、金钱和精力,来帮助孩子们早日实现发展里程碑,在运动场上击败朋友,获得更高的考试成绩,更早获得黑带,更熟练地演奏乐器。对很多孩子来说,童年已经成了一个无休止的自我提升训练营。

在对课外活动和"学习机会"的追求上,父母们往往十分焦虑。女孩们每天放学或者上完幼儿园后参加芭蕾舞、武术、体操、补习班、田径、网球、钢琴、篮球、戏剧或小提琴等课程已经司空见惯。为了维持这种生活方式,家庭日程表安排得像一座机场塔台一样,每一分钟都被精确计算,没有一刻被浪费,从而实现一种微妙的相互依赖的平衡。如果你觉得现在的日子比过去忙得多,那么你是对的。2013年,瑞典家具制造商宜家委托专业机构做了一份研究报告,发现近半数(47%)澳大利亚儿童每周参加三项或三项以上课外活动。在回答"生活时间报告"(Time to Live Report)的1400位孩子和父母中,有43%的人表示在上个月里没做过任何未经安排随性而为的事情。

我们在自己的朋友中也看到了这种情况。一些小学女生参加了太多课外活动，上学日晚上7：30才能回家。为了赶时间参加下一个活动，有些孩子要在车上吃晚饭。还有一些孩子晚饭吃得很晚，以至于他们在饭桌上吃着吃着就睡着了。小艾的一些小伙伴在上了一天学后会被她们尽心竭力同时也疲惫不堪的父母接走，去上体育课和音乐课。然后，这些女孩周末还要继续上课或参加正式的体育活动。父母们觉得自己时而像出租车司机，时而像严格的教官，匆忙并且不断地催促孩子，以便准时赶到每一个预约地点。回到家后，在所有人都处于焦躁不安的状态时，他们还要面对孩子入睡前的一系列日常惯例。全家人每晚都在疲惫不堪和紧张不安中结束这一天。接着，当新的一天来临，这一切还要重新来过。

虽然这种持续的承压状态对于机场塔台来说可能是正常的甚至是恰当的，但它却让家庭生活的乐趣和欢乐消失殆尽，它往往会让我们的女儿（也包括我们！）变得疲惫而焦虑。

那么，为什么我们要这样做呢？许多父母坚信，这种强度的活动能够最大限度地激发女儿的潜力，充分利用生活中的机会。为了追求这些目标，他们往往在无意间牺牲了女儿的睡眠、玩耍时间和自发性。这还没算他们自己凭借理智和辛苦赚来的收入。直到最近，我们也把两个女儿的日程排得满满当当。这种"提升"孩子的压力如此之大而且如此普遍，以至于像许多其他父母一样，我们发现很难抗拒这样做。我们曾经以为这就是好父母的样子。但我们相信，我们错了。

在本章中，我们会让你看到，填鸭式地给你的女儿狂塞各种技能和经验，并不能创造出养育一个喜欢她自己的女孩所需要的条件。我们认为，父母是时候鼓起勇气反抗"鸡娃式"的养育文化了。本质上，我们需要后退一步并慢下来，因为一个喜欢自己的女孩不会过度疲劳、过度紧张、过度忙碌或者安排过多日程。一个喜欢自己的女孩是平静的。

当我们谈论女孩的平静时，指的并不是那些超级禅静、安静、听话或者顺从的孩子。我们的女儿同样可能会在安静的候诊室里喧哗，或者在拥挤的超市过道里不合时宜地做个空翻，就像其他女孩一样。所谓平静，指的是为女孩们创造一种生活，让她们有时间和空间摆脱自我提升的紧张而重复的生活方式，享受更多没有预先安排的时间。她们可以做孩子，而不是学习机器。

为什么现代养育方式像填鸭？

父母们落入鸡娃陷阱——给孩子安排过多活动——并不令人惊讶。甚至孩子尚未出生，准父母们就被内含各种营销套路、利用父母的焦虑大赚其钱的宣传册子狂轰滥炸。我们有追踪孩子发育里程碑的应用程序，告诉我们孩子在什么时候应当能做哪些事情。孩子在到达这些里程碑时的任何延迟都会引起轻微的恐慌，而且久久难以消散。精明的"专家们"会通过"大脑发育""自尊心"以及"让孩子赢在起跑线上"等说辞撬开父母的钱包。哪个父母不想让自己的女儿拥有这一切呢？

和其他父母一样，我们也上当了。小维6个月大的时候，我们给她报了游泳课。我们并不指望她能参加奥运会或者任何类似的比赛。我们只是觉得，作为一个生活在岛国的人，学会游泳是必须的。我们还被诸如婴儿游泳课多么有利于增强认知功能、促进肌肉发育和增进亲子关系之类的各种营销宣传蒙骗了。

小维讨厌她的第一节游泳课,而且从头到尾一直在尖叫。我们把这一切归咎为一切都是陌生的。第二节课也没什么不同。我们再次对自己说,她只是在适应。可是,在剩下的课程里,情况并没有丝毫改善。她清楚地表达了——以一个6个月大的孩子能做到的方式——她讨厌这整个经历。不只是她,我们也讨厌这一切。她从最初的几节课里学到的唯一一件事,就是一看到水就尖叫。然而,我们愚蠢地坚持了下来。因为我们认为这才是好父母该做的事情。最终,我们意识到,尽管孩子学会如何游泳很重要,但小维并不需要在6个月大就掌握这项技能。我们决定,我们并不需要一个结构化的、由专家主导的游泳课程来与她建立亲情心理联结或促进她的身体和认知发育。

出售这些服务的人毫不避讳地传达的信息是,对于女儿,仅仅养育已经不够了。好父母必须提升她们。父母被灌输了这样一个谎言,即课外活动越多越好,无论它们会对家庭日常生活造成多大干扰或者侵占多少休息时间。我们被教导,孩子的大脑是小海绵,我们给他们灌输多少信息,他们就能吸收多少信息。尽早给我们的孩子塞入尽可能多的知识、技能和经验,现在被认为是衡量好父母的关键指标之一。

随着社交媒体和展示完美孩子的照片墙(Instagram)的崛起,提升我们女儿的压力变得更大。那里有数不清的神童,他们似乎前脚刚赢得某种优秀证书,后脚就在舞蹈演出中大放异彩,转身又在球场上叱咤风云。脸书上有那么多超过平均水平的孩子,就好像马克·扎克伯格创造的这个平台改变了数学规律一样。与此同时,你的孩子唯一想完善的技能只是用腋窝发出放屁的声音。只要你拿出相机,她就会拿一根手指挖鼻孔或者吐舌头。在社交媒体上,这种照片都没人转发。

这种对女儿的表现不如她那些看似完美的同龄人的担忧,

会加剧父母们已有的因职场的不稳定、教育成本的上升以及房价的攀升,对女儿未来财务安全的合理焦虑。事实上,人们已经把"空闲时间"等同于"浪费时间"。如果孩子们不参加某种安排好的活动来完善他们的艺术能力,提高语言或数学能力,或者增强身体灵活性,那几乎相当于她们的童年被挥霍了,而且她们未来的健康、幸福和成功也会受到威胁。因此,课外活动已经成为一个竞争激烈的军备竞赛,因为父母害怕如果自己不参与进来,他们的女儿将错失机会。

但是,要问问你自己:如果你立场坚定,拒绝参加这场军备竞赛,你的女儿真正会错过什么?

你的女儿真的会错过吗?

几年前,我们收到一个体操俱乐部发来的电子邮件,告知我们体操精英队要选拔新人。根据女孩的技能水平,入选的女孩需要每周训练7.5~20小时,并且有可能参加地区比赛。未被选中的女孩则可以参加每周仅1~2小时的非竞技体操课程。这封邮件让我们从对课外活动的狂热中清醒了过来。

小维很想参加体操队的选拔,但我们决定不让她参加,而是给她报了一个每周1小时的体操课。当然,她即使参加选拔也不见得会入选。但如果她被选上了,对她和我们来说都会超出负荷。除了学校和她需要做的其他事情,每周花20小时在一项课外活动上是一个巨大的承诺。一个漂亮的后空翻,很难证明她在所有其他事情上累得筋疲力尽就是合理的。所以,不参加选拔,不进行每周长达20小时的训练,我们的女儿到底错过了什么?

我们并不是在暗示课外活动或者竞技运动不好。也许体操是你的女儿和你全家人的热情所在，你们都喜欢把空闲时间花在体操上。如果这么做适合你的女儿和你的家庭，那就去做吧。但是，如果训练过于消耗精力，以至于给你的女儿和你的家庭带来压力，那么你就必须考虑这样做是否值得。如果这些活动妨碍了你女儿童年时光的其他部分，那就可能不值得了。对于你女儿可能参加的任何课外活动，你都要问自己这样一个问题：在她的人生计划中，如果不参加这活动，她到底会错过什么？

"可是她喜欢"

有的父母告诉我们，他们很乐意削减女儿的课外活动，可是女儿喜欢该项活动，如果不让她继续参加，她会感到失望。这可能是真的。但同样的逻辑也可以套用在冰激凌、电视或者平板电脑上。孩子喜欢什么并不意味着她一定能从中获益。俗话说的好，剂量决定毒性。任何东西，哪怕是好东西，只要多过一定限度就会变成有毒的。身为父母，我们的职责是做出决定和设置适当的界限，即使这会让你的女儿痛苦和失望。

关键是找到平衡。如果你和你的女儿都长期处在疲惫和匆忙当中，而且她不断感受到需要"保持状态"和好好表现的压力，那就说明一定是哪里出了问题。尽管我们的女儿和她们的同龄人可能是史上最多才多艺的一代，但如果你翻到我们在"引言"第2页上的那份成绩单，你就会发现，她们也可能是最不快乐、最没有安全感以及最焦虑的一代。把孩子从一个活动匆忙赶到另一个活动，把每一刻都变成大人认可和主导的"学习机会",对于养育喜欢自己的女孩毫无帮助。

"儿童福祉"(Wellbeing for Kids)组织负责人乔治娜·曼宁(Georgina Manning)说,由于活动安排过多,她看到儿童的焦虑和情绪困扰已经大幅增加。作为一位注册心理咨询师和心理治疗师,曼宁说:

匆忙地赶着孩子参加各种活动,并用所谓"有趣的"活动填满他们生活中的每一个空闲时刻,并不能教会孩子如何管理压力,只会让孩子感到压力重重。我完全没有责备父母的意思,这只是一个我们不能忽视的事实。这也不意味着我们的家里要永远平静,因为这并不现实,但总的来说,如果能有一种平静的感觉,这就为创造力、游戏、沟通以及纯粹的休息创造了空间,从而帮助孩子们的大脑休息。如果孩子们没有时间玩耍和嬉戏,他们就没有机会放松、沉思、游戏和释放大脑的压力。

你可能也在浪费你的金钱和你——以及你女儿的——时间。当孩子感到疲惫,他们就无法有效地学习,所以,你可能在为女儿提供各种新机会,但由于她过于疲惫,这些机会无法被充分利用。

可是,承诺怎么办?

一些父母告诉我们,如果取消女儿的课外活动,他们就会在遵守承诺方面为女儿树立极坏的榜样。他们不想将女儿养成一个半途而废的"逃兵"。尤其是团队运动方面,情况尤其如此，因为其他孩子可能会依赖他们的女儿。

我们并不是建议你的女儿只要不想去就不去。相反，要确保当她选择一项课外活动时，她明白自己承诺的时间——以及你很可能要支付的费用——是一整个学期。学期结束后，你们一家人可以重新评估女儿的日程安排，并进行必要的调整。这么做会让她在如何利用时间上拥有一些选择和控制，同时也教会她遵守承诺。

玩耍的重要性

给孩子安排过多课外活动，首先被牺牲掉的就是孩子的玩耍时间。我们常常没有意识到玩耍有多么重要。我们把那些简单的活动和消遣称为"儿戏"，好像它们如此微不足道，简直不值得关注。人们倾向于将玩耍视为孩子们在完成所有重要的学习活动后，在有空闲时间时可以做的一种可有可无的奢侈行为。

如果孩子们被允许玩耍，那些结构化、有计划、有专家认可、由大人主导的玩耍会让我们感到更舒服。但是，这根本不是真正的玩耍——这是被打扮成玩耍样子的结构化学习。真正的玩耍是自由而且自发的表达。它让孩子们为了纯粹的乐趣而创造并沉浸在探索他们自己的小世界中。最后这一点很重要。当孩子们进行真正意义上的玩耍时，他们的玩耍没有任何目标或动机，只是为了玩耍本身的乐趣。当孩子们真正在玩耍时，他们并不会试图达成特定的目标。玩耍的目标——如果有的话——就是单纯地从中获得快乐。这就是在后院和朋友们一起踢球与以提高比赛表现为目标参加足球教练课程的区别（以足球为例）。

在真正玩耍时，孩子们应该沉浸其中。心理学家称之为"心流"。"心流是指他们完全忘记了时间，全身心地投入到愉快的活动中。他们所做的事情不需要产生特定的结果，也不以实现某项成就为基础，比如赢得比赛。"乔治娜·曼宁说。心流活动的例子可能包括搭积木、绘画、创作或建造某个东西等让你忘乎所以的活动、与朋友一起玩、玩假扮游戏、阅读、参加非竞争性的体育运动，以及，关键的，由孩子发起而非大人主导的活动。"理想情况下，孩子们大多数时间都应该体验到'心流'。"曼宁建议道。

正如你将在接下来的部分看到的那样，如果你想养育一个喜欢她自己的女孩，这种真正的玩耍至关重要。对你女儿的身心健康和发展而言，给你的女儿玩耍的机会要比完善她翻跟头或者单脚尖旋转①技能有价值得多。

玩耍是童年的"工作"

在一个沉迷于分数、竞争和看得见的成就的世界里，谈论玩耍的好处似乎是在浪费时间。尤其是在我们不断被告知当前一代孩子在科学、数学和阅读方面的国际排名正在下滑的情况下，这种做法尤其具有争议。我们难道不应该竭尽所能地将游戏与其他"更高的"目标——比如学习第二语言或者偷偷夹带一些数学游戏来提高孩子的计算能力——联系起来吗？

但是，试图重新设计游戏，使其达到某种大人认可的目的，实际上违背了游戏的初衷。好消息是，你不需要把游戏变

---

① 芭蕾舞的一个动作。——译者注

成学习活动，因为它本来就是学习活动。美国坦普尔大学助理教授、心理学博士乔丹·夏皮罗（Jordan Sharpiro）写道，游戏"是童年的工作"。孩子的大脑通过游戏得到发展；游戏是他们发展创造力、掌握处理和记忆信息的能力、调节情绪以及管理行为的方式。游戏还是他们学会与他人相处的方式，这对他们日后在工作场所和公共空间待人接物至关重要。澳大利亚养育类图书作家、教育家玛吉·登特（Maggie Dent）说，游戏对心理、社交、认知和精神都有益处。她在《虚幻世界中的真实孩子》一书中写道："我们知道，游戏让孩子能够冒险、犯错误、学会等待、解决问题，而且尤其重要的是，学会优雅地输和赢。"

游戏不仅能教给你的女儿关键的学习和生活技能，还让她的大脑为正式学习做好准备。可以把游戏想象成修复超载的计算机硬盘，或者通俗一点说，你的手机或电脑不堪重负并且开始出现问题的情况。关闭设备然后重新开启，来重置你的死机或者失灵的设备，与游戏对于过度紧张的大脑的作用类似。墨尔本一所独立学校的早期学习主任温迪·梅森（Wendy Mason）亲眼见证了儿童没有足够时间玩耍的后果。"从来没有这么多孩子上学时注意力减退，无法集中注意力和倾听，难以表达情绪……想象力也捉襟见肘。"

通过自由玩耍，你的女儿将有机会更好地了解自己——她喜欢什么，不喜欢什么，她天生擅长什么，以及要在哪些方面付出更多努力。她能够尝试不同的活动，而不必受到评判或者感受到好好表现的压力。她还能扮演不同的角色。这也是墨尔本大学心理学教授莉·沃特斯（Lea Waters）鼓励父母在孩子的日程安排中"大胆地安排休息时间"的原因之一。"他们在整理接收到的信息，赋予其情感意义，将其移入长期记忆，融入他们的核心自我之中。这一切都在建立他们的身份认同，让他们了解自己是谁，而不仅仅是做了什么。"

自由地探索和试验将增加你的女儿发现她的激情——那种能让她心花怒放的追求，她生来就应该做的事情——的机会。有些成年人一辈子都找不到自己的激情所在，然而，这对于心理健康来说至关重要。激情能为原本平淡的生活赋予意义和目标。有些人非常幸运，马上就知道他们生来就应该做什么，但大多数人不得不努力寻找并实现它。游戏是你的女儿开启这一寻觅之旅的良机。

通过允许我们的女儿玩耍，我们就能实现许多我们在结构化学习项目中设定的目标，还能免于承受给孩子的童年安排过多日程造成的压力。更好的是，这种游戏是免费的（或者花不了多少钱）。记住，我们所说的游戏是指自发的、由孩子主导的、不以结果为导向的活动。游戏是指一个女孩在卧室里毫不做作地跳舞，而不是去芭蕾舞课。是她在攀爬架上荡悠，而不是去上体育课。是她用梳子当话筒唱歌，而不是跟着声乐老师练习音阶。通常，孩子们每周的日程被安排得如此紧凑，没有一刻可以摆脱大人主导或者以结果为导向的活动。这不是童年，这是新兵训练营。

如何重新获得空闲时间

创造出空闲时间可能非常困难。不对，要把"可能"划掉：创造出空闲时间非常困难。

由于我们的两个女儿缠着我们要和朋友参加同样的课外活动，而且如果我们很诚实的话，还由于一些根深蒂固的养育焦虑以及担心我们的女儿会错过学习机会，我们就让她们开启了每天放学后的下午和晚上的忙碌生活。她们要么在课后托管班，要么在日托班（在我们的工作日），要么参加课外活动。我们意识到，如果我们希望两个女儿能得到她们需要的玩耍时间，我们就必须有意识地把这一时间排进我们的家庭日程表。

所以，我们制定了一个规则：除了每周的游泳课外，我们允许两个女儿选择一项可以在周末参加的课外活动。现在，在工作日下午有空，而且天气好的时候，我们夫妻中的一个人会带她们去公园，而不是匆忙赶去参加一个活动。对我们来说这需要的时间与其他活动完全相同，还有一个额外的好处——免费。公园里经常有其他孩子可以一起玩耍，但有时候也没有，两个女儿就不得不想办法自娱自乐。天气潮湿或者下雨时，我们会带她们去图书馆，或者有时候直接回家，两个女儿会画画、玩乐高或者在游戏《我的世界》里建造她们的世界。是的，我们赞成"懒人养育法"。接受它吧。

难道我们不担心减少她们的活动会导致肥胖吗？三个字，不担心。

孩子们并不需要参加结构化的、成人主导的、竞争性的活动才能运动。在一周的时间里，我们两个女儿的运动量与从前一样多。此外，她们还得到了户外自由玩耍的额外好处，这对她们的身体、情感和精神健康益处多多。

我们明白，我们能够在下午陪伴女儿是一种特权，并非所有家庭都能做到这一点。但是，你或许有其他办法来改变这种平衡，让你的女儿能通过游戏而不是通过结构化学习来参与更多活动。你可以选择一个以玩耍为基础的课后托管服务，而不是送她去参加结构化的课程。或者，你可以与其他父母合作，在女儿的学校放学或者幼儿园放学后轮流组织一群孩子玩耍。

另一个选择是在周末专门留出时间来给孩子玩耍，并且将这段时间视为一项严肃的承诺，以免被其他优先事项侵占。当你的家庭日程表中出现空闲时间，就用玩耍来填补。

还要记住的是，对于肥胖问题来说，运动只是其中一个因素。其他因素包括压力、睡眠不足，当然还有不良的饮食习惯。这三者都可能是给孩子安排过多活动所导致的结果。

我们的两个女儿会唠叨着要看电视而不是去玩耍吗？会的！我们会允许她们这样做吗？比我们愿意承认的次数要多。当我们不让她们看，她们会抱怨吗？绝对会！但在抗议和抱怨过后，她们通常会回到自己的房间，找些别的事情做。有时她们会阅读，有时候会玩乐高，或者用回收箱的盒子为她们的玩具做船和火车。

而且，毫不隐瞒地说，我们的两个女儿有时会说她们很无聊。她们不得不经历一段适应时间才学会如何玩耍。她们太习惯于被娱乐，以至于她们不知道如何自娱自乐。我们甚至从图书馆借了一本叫《今天我们没安排》的书，作者是简·戈德温（Jane Godwin）和安娜·沃克（Anna Walker），以此让女儿适应"无所事事"的概念。（是的，我们同意从图书馆借书来学习关于空闲时间的概念很奇怪，但对她们来说这个概念确实很新奇！）

显然，我们并不是唯一不熟悉空闲时间概念的家庭。根据前面提到的宜家的报告，空闲时间对很多家庭是如此陌生，以至于当他们真正拥有空闲时间时，他们不知道该做什么。半数孩子和父母承认，他们不得不停下来，并思考如何利用这多出来的几小时的空闲时间。我们不仅不知道如何利用空闲时间，而且我们对这一概念如此生疏，以至于一想到它就感到压力重重。53%的孩子和46%的成人在接受调查时说他们在面对空闲时间时感到焦虑，没有安排的时间会引发混乱和失控的不愉快感受。

尽管空闲时间在大家的舒适区之外，但这正是我们所渴望得到的东西。66%的孩子和73%的成年人同意，那些最美好的家庭时光是未经安排的。多达89%的6～11岁孩子说，他们希望能有更多时间与家人在一起。孩子们如此渴望与父母一起闲逛，为了达到这个目标，他们甚至声称愿意做一些他们不是特别喜欢的事情，甚至是家务！

我们决定将玩耍放在女儿生活的优先位置，这带来了深远而持久的益处。她们都明显变得更加平静。而且，你知道吗？我们也是。不可否认，我们在周一到周五不给孩子安排结构化活动可能被一些人认为是极端的做法。这对我们是可行的，但对你来说或许不可行。但是，如果你女儿的课外活动给你们的家庭生活带来了压力，或者蚕食了她的玩耍时间，那么，或许你就值得考虑一下你有没有掌握好平衡。也许你可以让你的女儿放弃一个活动，这样你们就可以多出一个下午的时间不必带着你的女儿赶场，而是让她可以自由地玩耍，体验心流和平静。

补习的"军备竞赛"

你可能已经认识到了玩耍的重要性，可能也同意舞蹈、非洲鼓或戏剧这样的课外活动可以取消。但是，像补习班这种与学习有关的课外活动呢？它们对孩子有好处吗？很多父母认为是有好处的。事实上，澳大利亚家教协会首席执行官莫汉·达尔（Mohan Dhall）估计，上补习班的学生比例已经高达七分之一。

当我们还在上学的时候，补习班只是个别现象。它是给那些因为生病或住院而缺课很多并需要赶上进度的孩子准备的，或者是给那些有特定的学习困难，需要在某个特定领域得到特别帮助的孩子准备的。

现在情况不同了：补习班已经成为一种普遍现象。不仅上补习班的孩子越来越多；针对各科的补习班也如雨后春笋般涌现。从针对几乎还穿着纸尿裤的孩子的"学前准备"补习班，到针对澳大利亚全国读写算数统考①的补习班，再到针对选拔性的入学考试和十二年级考试的备考补习班，每一种情形都有对应的补习服务。此外，还有日常补习，来确保你的孩子能从高级别读物盒子中把书带回家，或者成为班上第一个能背诵乘法口诀的孩子。尽管有些孩子确实在某些学习领域需要帮助，但补习班的扩张表明，它不再是为了确保孩子不掉队，反而似乎是为了超越其他孩子。

《驯服虎爸虎妈》一书作者塔尼丝·凯里指出，参加补习班的孩子数量的增加以及补习班涵盖领域的扩大，助长了父母对孩子落后的恐惧。父母们看到其他父母把孩子送去补习班，便觉得自己也该这么做。于是他们不知不觉间掏出了自己的血汗钱，孩子的日程也被安排得满满当当。总之，父母和他们的孩子往往怀着最美好的愿望在不经意间被卷入了一场比拼成绩的"军备竞赛"。

补习真的有效吗？

补习的吸引力很容易理解。毕竟，如果某种形式的教育是好

---

① 澳大利亚全国读写算数统考，The National Assessment Program Literacy and Numeracy，简称 NAPLAN，是澳大利亚一项针对全国中小学生能力的评估计划，旨在评估学生在识字、数学、阅读、写作和语法拼写等方面的能力。——译者注

的，那么更多这样的教育一定会更好，不是吗？但是，如果你退后一步，看看关于补习有效性的证据，这种"多多益善"的观点并不能完全成立。对补习最好的评价是，它提供了有限的好处。最坏的情况是，它可能会对一个孩子的教育产生不利影响。

伦敦大学教育学院的研究人员朱迪丝·艾尔森（Judith Ireson）和凯蒂·拉什福思（Katie Rushforth）研究了3515名11岁、16岁和18岁孩子的考试成绩，发现接受补习的孩子的表现并没有比那些没接受补习的同龄人好太多。那些接受家庭教师补习的孩子的数学考试成绩提升了不到半级，而且给女孩带来的好处比男孩还要少。在英语考试成绩上，接受补习的孩子和未接受补习的孩子之间的差异可以忽略不计。

让我们来想想这件事。花费了很多金钱和宝贵的时间，最终却一无所获。

在莫纳什大学研究教育心理学和全纳教育[①]的玻尔·苏班（Pearl Subban）博士说，补习没有达到预期效果的原因之一是，它可能会让孩子依赖补习老师，从而剥夺他们发展自主学习和积极主动这些关键技能的能力。苏班博士说："我不是说补习不好，我相信它提供了一种服务，满足了一个需求。但与此同时，我们必须意识到要增强孩子的独立性，而不是增加对补习老师的依赖。"

苏班博士告诫父母要考虑补习对孩子整体福祉的影响。她说："补习会增加学生的压力和挑战。它让孩子认为自己必须

[①] 全纳教育，Inclusive Education，是1994年6月10日在西班牙萨拉曼卡召开的世界特殊需求教育大会上通过的一项宣言中提出的一种新的教育理念和教育过程。它强调每个人都有受教育的基本权利，提出每个人都有其独特的个性、兴趣、能力和学习需要，学校要接纳全体儿童，并满足他们的特殊教育需求。——译者注

始终表现优异,分数很重要。那些平庸和普通的孩子是没有立足之地的。学生们因为非常努力地学习而疲惫不堪。补习班通常安排在放学后,有时候安排在周末。这让学生们几乎没有自由时间,而且学校与生活之间的平衡被打破了。"

强迫你的女儿在尚未做好准备或者在她感到疲惫和紧张的情况下做太多作业可能会适得其反。你非但不能促进她的学习,反而可能让她变成讨厌学习的孩子。我们亲眼见证过这种事。小维的一个朋友从学步期就开始上阅读补习班。办补习班的商家宣称如果他们的女儿能在上学前就学会阅读,他们就让女儿赢在了起跑线上。他们被这样的宣传打动了。他们支付了数千澳元,并且与年幼的女儿争论了无数次,可他们的女儿几乎愿意做任何事,就是不愿意上阅读课。最终,这个小女孩在入学前学会了阅读。到这时为止,一切都好。

到了第一学年末,小维所在班级的大多数孩子的阅读水平都差不多。但有一个明显的区别。这个上过阅读补习班的小女孩讨厌阅读,因为她觉得阅读是工作。她的父母告诉我们,不管让她阅读什么东西都特别费劲。如今,她对阅读可能也兴趣缺缺。也许补习班的确让她成为了一个比原来更好的阅读者。我们永远不会知道这一点。但有一件事是肯定的,那就是补习没能激发她对阅读的热爱。事实上,补习起了完全相反的效果。上的那些补习课换来的是流不尽的眼泪,以及一个只有大人站在她身边告诉她必须读书时才会阅读的女孩。

我们并不是说这将会是每一个孩子的经历。你的女儿可能会像鸭子见到水一样适应这些课程。可以肯定的是,在有些情况下,补习是有益的。但我们需要小心,不要被补习的狂潮裹挟,因为它不仅可能无法帮助你的女儿提高学习成绩,还可能增加你女儿的压力,扰乱她内心的平静。

家庭作业
如果它是一个学生,它的成绩会不及格

　　类似的情况也适用于家庭作业。虽然比补习投入的时间和精力少,家庭作业是父母认为一定能够提高孩子学习成绩的另一项活动。但是,这种想象中的好处仅仅是想象而已。研究结果并不支持教师布置家庭作业,尤其是给年幼的孩子。家庭作业或许对中学阶段的孩子有益,但正如迈克·霍斯利(Mike Horsley)和理查德·沃克(Richard Walker)在《改革家庭作业》一书中所说:"作业对于提高三年级以下学生的学习成绩没有任何益处,对于四到六年级学生的益处也微乎其微。"

　　让我们再重复一遍以示强调。沃克和霍斯利花了两年时间研究了世界各地的数据,发现小学生从家庭作业中几乎得不到任何学业方面的好处。

　　养育类图书作家、教育家玛吉·登特自称"反家庭作业女王"。她认为家庭作业纯属浪费时间,是在学校里辛苦了一天的孩子最不需要的东西。登特说:"没有研究表明小学生的家庭作业能提高他们在学校里的成绩。至于那些替孩子做家庭作业的父母——他们这样做对于孩子应对下一次课堂检测有什么帮助?孩子特别需要与其他孩子或父母一起玩耍、放松,并为第二天上学做好准备!"

　　尽管有极其充分的研究表明,小孩子的家庭作业并不会带来我们想象中的那些学业方面的好处,但父母们却经常要求学校布置作业。一些父母甚至坚持通过自己给孩子布置作业、带孩子上数学和英语补习课,来让他们的孩子做更多的作业。

　　玛吉·登特知道有4岁的孩子被要求做一个半小时的作业。"他们得回家把颜色涂在那些边线里面。"登特说道,她强调许多孩子缺乏成功完成这些任务所需要的精细动作技能。"这太可怕了。你在要求孩子做一些他们从发展角度讲根本无法做到的事情。而且你要求他们一遍又一遍地做。"

即使对于稍大一些的学生,做作业和学业成功之间也只存在相关性。相关性不等于因果关系。也许做更多作业的学生本来就更有动力;更有动力可能意味着更有可能认真完成作业并取得好成绩。正如霍斯利和沃克所说:"最终决定从作业中学到什么的是学生自己。"

当然,一些人会指出,作业除了所谓的学业方面的好处之外,还有其他好处。人们经常声称作业教会孩子时间管理和学习技能,同时还能培养良好的工作习惯。然而,几乎没有证据证明这一点。美国教育专家阿尔菲·科恩(Alfie Kohn)在《家庭作业的迷思》一书中写道,家庭作业可能有这样的作用,也可能没有。事实是没有人知道,因为相关研究尚未完成。但他对所谓的好处在实践中是否存在表示怀疑。

以时间管理为例。理论上,家庭作业应该培养时间管理技能。但是,如果是父母在提醒孩子做作业,并确保按时完成和上交,那么管理时间的人是父母,而不是孩子。科恩写道:"一位母亲曾说过,孩子的作业非常考验她的时间管理能力。"科恩说,解决之道可能是允许孩子自己去摸索和失败,但从长远来看,这么做不大可能奏效。"如果到了临睡前或第二天早晨才发现作业没有完成,那么这样做的后果对父母和孩子来说都不会愉快。事实上,如果作业没有完成,老师通常就会找父母沟通,也就是说,老师是不希望父母撒手不管的。"

在另一个极端,有些孩子又会毫无必要地在家庭作业上浪费太多时间。"老师看到的是一份完成了的作业,但他们并不知道家里发生了什么,"登特说道,"有些孩子花两个小时完成一份二十分钟就能做完的作业。还有一些追求完美的孩子，把作业做了一遍又一遍，达到了不健康的程度。"

　　赞成布置家庭作业的另一个常见观点是，这么做能教会孩子纪律，让他们在生活中并不总能为所欲为。但是，孩子们已经在学校里遵守了一整天别人制定的规矩，做了一整天他们并不愿意做的事情了。在家里做点自己想做的事，这有什么错呢？它叫做"空闲时间"并不是没有道理的。成年人不希望每晚把工作带回家，却期望孩子喜欢做作业，这好像很奇怪。

　　这并不是说孩子们从家庭作业中学不到任何东西。相反，许多孩子可能会讨厌任何形式的正式学习。家庭作业还可能教给孩子知道他们没有休息时间。用澳大利亚斯威本科技大学健康、艺术与设计学院学习创新系主任塔拉·马格达林斯基（Tara Magdalinski）副教授的话说："我认为，家庭作业还教给学生们另一件事——如何不尊重工作与生活的界限。"

　　家庭作业还会在家里制造紧张气氛。正如塔尼丝·凯里所说："家庭作业有把你的家变成战场的倾向。多项调查发现，家庭作业是孩子和父母之间摩擦的最大来源。一项调查发现，40%的孩子称他们曾在家庭作业引发的争吵中哭过。甚至这个数字看起来也存在被低估的情况。"

　　如果家庭作业把你家变成了战场，玛吉·登特建议你与你女儿的学校郑重谈谈，讲讲你觉得怎么做对你的女儿和你的家庭最好。例如，如果你决定每周有一天要与你的女儿安静地度过一个下午，或者在公园玩得更久些，你就可以礼貌地向老师解释，你的女儿在那一天将无法完成家庭作业。

阅读
对家庭作业"放手"政策的唯一例外

对于家庭作业，我们唯一的例外是阅读。每天晚上留出时间给你的女儿读书，是应该得到鼓励的"家庭作业"。这可能包括在女儿入睡前给她读书，或者当她足够大时，留出时间让她读给你听，还可以鼓励她自己独立阅读。当你的女儿已经能够熟练地阅读时，继续读书给她听也仍旧是有好处的——甚至在她进入青春期之后也是如此。有些父母错误地认为，一旦他们的孩子学会阅读，那些可恶的读物就不必每天晚上被孩子带回家了，他们的工作也就完成了，他们也不再需要专注于阅读这件事了。但是，在孩子能够自己阅读之后，继续在家里亲子共读仍旧有很多益处。

伦敦大学学院教育学院社会学教授艾丽斯·沙利文（Alice Sullivan）博士发现，那些10岁时定期阅读书籍，并在16岁时每周阅读一次以上的孩子，在学校里的表现更好。正如沙利文博士在《每日电讯报》（*Telegraph*）上发表的一篇文章中说："以快乐为目的的阅读有助于提高孩子的数学成绩，这看起来可能让人惊讶。但强大的阅读能力很可能会让孩子有能力吸收和理解新信息，进而影响他们在所有学科的成绩。"

可以说，比学业表现更重要的是，你应该鼓励你的女儿爱上阅读，因为爱阅读的孩子拥有更健康的心理状态和人际关系。阅读还可以让你的女儿接触到比她在日常生活中听到的更多、更丰富的词汇。花时间一起阅读，能培养孩子对图书一生的爱，也是建立亲情心理联结的一个很好的活动。同时，阅读还是她放松和为睡觉做准备的好方法。

但是，非常关键的是——你必须允许你的女儿自己选择阅读的书籍。如果她想看漫画或图画小说，就让她看。如果她想读关于独角兽和仙女的故事，而你认为这些内容"幼稚"且她已经超过了读这些内容的年龄，也要让她读。有些父母专注于确保孩子只读学校布置的读物，或者寻找那些赢得文学奖的"优质"图书。然而，如果她对这些图书不感兴趣，这么做就很可能会让女儿疏远你，并且会让她对阅读失去兴趣。毕竟，你自己也不会花时间读你不喜欢的书。我敢打赌，你的女儿也会有同样的感受。科恩写道："没有什么比有机会读孩子自己选择的书更有助于提高他们的阅读兴趣（和阅读能力）的了。"

当小维开始阅读时，学校会让她每晚把读物带回家。一开始，这些读物非常合适，因为它们正好符合她的水平。但是，随着她阅读能力的提高，她感到这些读物越来越无趣。她想读别的书。虽然她继续把读物带回家，但我们会让她把它们留在书包里，并且让她读她想读的任何书。我们不仅希望小维掌握阅读技巧，我们还希望她能爱上阅读。我们担心，如果强迫她读她不感兴趣的书会妨碍这一目标的实现。对于孩子或者他们的父母来说，阅读那些他们没有兴趣读的书一点也不好玩。相反，要根据你女儿的好奇心和热情来引导，这样她才更有可能愿意阅读。

在小维迷恋独角兽的阶段，我们借光了附近图书馆里与独角兽有关的图书。当她的兴趣转移到各种狗身上时，我们也如法炮制。其中还包括一些关于狗的品种与养护的非虚构图书。当我们在报纸上看到与狗有关的文章时，我们也会坐下来和她一起阅读。不管是故事书、科普书、漫画书、杂志还是报纸文章，一律来者不拒。只要你的女儿在阅读，你的工作就完成了。阅读不是另一项需要你安排、设计和组织的活动。要想让你的孩子爱上阅读，你就得把它当游戏对待：让孩子主导。

让孩子"当场抓到"你在阅读

争吵、说脏话、偷吃孩子的复活节彩蛋,这些都是父母们永远不希望孩子看到的几件事情。但有一项活动,我们绝对应该不遗余力地让孩子看见,那就是阅读。

我们这里说的不是给孩子读书。我们说的是为自己阅读。而且,我们说的也不是那种以学习为目的的阅读。它必须是以快乐为目的的阅读,所以,这不太可能包括功能性阅读,比如,浏览学校通讯或新洗衣机的使用说明书。我们说的是坐下来,纯粹为了快乐而阅读。

根据儿童读写专家乔伊·班迪(Joy Bandy)的说法,你能为你的孩子做的最好的事情之一,就是展示阅读的乐趣。"让孩子觉得阅读过程充满了刺激和神秘感。"班迪说道,"如果孩子打断了你,你可以说,'对不起,我得先看完这一章。太令人兴奋了,我想知道接下来会发生什么。'"

如今已是祖母的班迪说,父母应该努力让孩子"当场抓到"他们正在阅读任何他们和孩子感兴趣的内容,比如漫画、报纸文章,甚至是板球比分。"跟我的孙子孙女们在一起时,我会打开报纸,并且说,'你们看到这篇连载漫画了吗?觉得它怎么样?'"

我们知道你在想什么。你什么时候才能抽出时间来示范纯粹为了快乐而阅读呢?这只是要加入到"好父母"应该做的事情那个长长的清单中的另一项任务罢了。但正如我们已经讨论过的,许多父母在课外活动上投入了大量的时间和金钱。只要放弃一项课外活动,就能为每周去一次图书馆腾出时间。

英国喜剧演员、极其成功的儿童文学作家大卫·威廉姆斯(David Walliams)的母亲就是这样做的。威廉姆斯说他从前不喜欢阅读。在墨尔本为他的书《坏爸爸》(*Bad Dad*)举行的首发式上，他对台下众多年轻粉丝说："我更喜欢看电视。"尽管他对书籍没有兴趣，但他的母亲每周都带他去图书馆。然后，在十二岁那年的某个星期，他拿起了《查理和巧克力工厂》，被深深吸引，并就此爱上了阅读。

"我认为，那些说他们不喜欢阅读的成年人，是因为他们小时候从来没有碰到爱不释手的书。"威廉姆斯说道。

虽然不是每个孩子长大后都会成为畅销书作家和喜剧演员，但为我们的孩子提供发展阅读兴趣的机会，就是在给予他们想象力、娱乐、共情能力和好成绩。拿出一点"属于我的时间"来阅读一本书，对你和你的孩子都有好处。

围绕屏幕设备的大争论

大多数父母都想让他们的孩子爱上阅读。但这并不是从来如此的。在18世纪初，当书籍变得越来越便宜，而且越来越多的人开始阅读时，就有人担心这可能会对孩子幼小而且易受影响的大脑造成伤害。特别是，批评家们想知道小说是否会导致人们（主要是女性）混淆真实世界和虚构世界。今天看来，这种想法非常奇怪。现在，没有人会质疑书籍有什么不好。

另一方面，屏幕设备则成为了今天的妖魔。许多父母对孩子特别是年幼的孩子身边有屏幕设备的反应，犹如见到毒药一样，避之唯恐不及。父母们告诉我们，屏幕时间的存在让他们感受到了压力，不得不让女儿参加各种课外活动。如果她的空闲时间都被课外活动占据，她就不会花时间在各种屏幕设备上了。允许孩子使用屏幕设备，往往是父母们最内疚的事情之一。

这并不奇怪，因为卫生当局和媒体充斥着关于屏幕设备的恐怖故事。我们被告知，屏幕设备让孩子变得更胖、更笨，还阻碍了他们的情感发展。还有人声称，互联网的使用正在改变孩子们的大脑结构，有些人将屏幕时间的增加与自闭症和注意力缺陷多动障碍（ADHD）的增加联系起来。

美国儿科学会（AAP）建议将2~5岁儿童每天的屏幕使用时间限制为1小时，2岁以下的儿童则不建议使用屏幕设备，除非是与祖父母视频通话等特殊情况。悉尼儿童医院集团和美国梅奥诊所也赞同这一建议，不过前者允许2~5岁儿童每天有1~2小时的屏幕使用时间。世界卫生组织（WHO）同样建议1岁以下儿童应避免屏前久坐时间，2岁儿童每天的屏前久坐时间不超过1小时。世界卫生组织还补充说，"少即是好"，并指出儿童长时间坐在屏幕前与过度肥胖、运动和认知发育迟缓以及心理健康欠佳之间存在联系。

这样的警告足以吓到任何父母，并在他们的孩子的目光不可避免地落在屏幕上时产生强烈的内疚感。

但事实是，那些指出屏幕时间会对孩子产生可怕影响的研究并不像它们看上去那样站得住脚。事实上，屏幕时间对孩子有害的证据相当不可靠。

以世界卫生组织的建议为例。它们称其建议基于对发表在同行评议期刊上的数据的系统回顾，这些数据涉及身体活动、久坐行为（sedentary behaviour）（特别是父母报告的被动屏前久坐行为）、睡眠和各种疾病之间的关系。所有这些听起来都令人印象深刻——直到你读到世界卫生组织提供的关于证据质量的附带评论。在让世界卫生组织做出上述建议的同一份报告中，它也承认这些是"建立在极低质量证据上的强烈建议"。世界卫生组织继续承认道，其关于屏幕时间与过度肥胖、运动和认知技能发展以及社会心埋健康之间联系的建议是基于"中等至极低质量的证据",并且"整体证据质量被评为非常低"。

同样,美国儿科学会的指导原则所依据的研究,也并不总能明确地将屏幕时间与据称其产生的的各种问题联系起来。例如,美国儿科学会一篇关于看电视与肥胖之间的关联性的论文指出,这种关联可以解释为是由于儿童观看垃圾食品广告而不是看电视节目本身造成的。如同作者指出的:"人们认为,观看食品广告和边吃饭边看电视(这降低了对饱腹信号的注意)引发了这些关联。"可以推断,如果你的孩子在看无广告的电视节目,或者在玩《我的世界》游戏,这一关联可能会减弱。

美国儿科学会使用的另一项研究探讨了看电视对儿童"执行功能"[①]的影响。执行功能指的是儿童坚持并实现目标的能力,这显然对孩子在学校的表现有益。该研究研究了儿童观看的内容,并发现观看教育性的节目,比如美国公共广播电视台的节目,"与较好的执行功能表现存在关联,而观看教育性的卡通片则与较差的执行功能表现存在关联"。所以,首先,孩子们看什么很重要。研究者们还承认,"我们不知道看电视与执行功能之间的关系是否是因果关系"。换句话说,研究人员无法确定是看电视导致了执行功能降低,还是执行功能较差的孩子更有可能看电视。这项研究未能证实这其中的任何一点。

理清使用屏幕设备与儿童发展之间的因果关系,是在技术与健康关系问题上做出确定性判断面临的最大挑战之一。牛津大学实验心理学系的艾米·奥本(Amy Orben)博士说,这种研究存在的问题之一在于,它常常将相关关系误认为因果关

---

① 执行功能(executive function, EF),也被称为认知控制或执行控制,通常被定义为个体为了达到特定的目标,对认知过程及个体情绪、行为等进行协调和控制的能力,是一种高级的认知功能。——译者注

系。在研究过使用屏幕设备对十几岁孩子的影响之后,奥本博士说:"这和冰激凌销售量增加时谋杀率也上升是一个道理。两者之间没有关系,但是,夏季谋杀率较高,而夏季冰激凌销售量也较高。"同样地,屏幕设备的广泛普及和儿童焦虑、抑郁及其他健康问题的增加同时发生,但没有证据证明两者存在因果关系。

另一个问题是,研究这些问题的研究人员在提出其主张之前要筛选大量数据。虽然这能让他们的研究结论更可靠,因为它以庞大的数据为基础,但这也意味着那些本来可能很微小的影响却产生了统计学意义,而这一意义放在日常生活中可能会被忽略。奥本博士指出,孩子们需要每天使用屏幕设备长达11小时或更长时间,才会感受到健康水平的下降。虽然我们都听说过一些孩子"沉迷"于电子游戏,但他们只是少数,不是普遍现象。

奥本博士以佩戴眼镜的例子来说明这一点。她说:"如果一个十几岁的孩子带着眼镜去上学,这一情况也与其健康水平呈负相关。这种相关性也非常非常微弱。它在统计上是显著的——而且实际上它要比数字技术与健康水平之间的相关性更大。"是的,你没听错:根据相关证据,就孩子的健康水平而言,佩戴眼镜对孩子们的影响实际上比使用社交媒体更糟糕。当然,没有人因为健康水平略微下降(虽然在统计上是显著的)就建议孩子们不戴眼镜。同样的思维方式也应该适用于屏幕设备的使用。

那么,所谓的屏幕时间与自闭症及注意力缺陷多动障碍(ADHD)之间的关联呢?这一论断完全错误。所谓的关联根本不存在。事实上,极力主张屏幕设备的使用与自闭症之间存在关联的人士之一,是苏珊·格林菲尔德男爵夫人(Baroness

Susan Greenfield）。她已经被公开要求停止反复提及关于屏幕时间对儿童大脑影响的毫无根据的说法。发展神经心理学教授多萝西·毕晓普（Dorothy Bishop）向格林菲尔德男爵夫人发了一封公开信，其中写道："我希望你能专注在你的专业领域发声……但请你、请你不要再谈论自闭症了。"

屏幕时间会造成危害的证据存在的这些质量问题，是英国皇家儿科与儿童健康学院（RCPCH）没有像它在澳大利亚和美国的同行一样发布针对儿童屏幕时间的严格指导意见的一个原因。英国皇家儿科与儿童健康学院解释道："没有足够的证据证明屏幕时间本身对任何年龄的儿童的健康有害，因此不可能推荐适合各个年龄的时间限制。"相反，该机构建议："父母们应该根据孩子的发育年龄、个人需要以及家庭对社交、运动和睡眠等积极活动的重视程度来决定屏幕时间——当屏幕时间替代这些活动时，有证据表明孩子的健康可能存在风险。"

如何对待屏幕设备

我们并不主张孩子们变成"沙发土豆"[①]，对着电视打发时间。我们也不否认屏幕时间和科技可能带来的不良影响。我们都听说过那些无法自拔地沉迷于屏幕设备的孩子，也有理由担忧一些科技公司利用其巨大的财富和资源设计应用程序和服务，以尽可能长时间地吸引用户（包括孩子和成人）。还有网络欺凌问题以及关于孩子被陌生人通过应用程序或游戏的聊天功能联系上并诱奸的故事。我们还有理由担心隐私和其他网络

---

① 沙发土豆，couch potato，指的是那些无所事事，只会拿着遥控器，窝在沙发上看电视的人。——译者注

安全问题。此外，我们认为应该对许多教育类应用程序所宣称的东西持适度的怀疑态度。

但是，这些不是屏幕设备、科技或互联网本身的问题。这些是父母们需要面对的问题——而且是我们能够控制的问题。要知道，你有权力和权利管理孩子的屏幕时间。你可以阅读网络安全知识、锁定设备并管理隐私信息和应用程序的限制。收集这些知识的一个好地方，是澳大利亚电子安全专员的网站，上面有大量关于保护孩子安全上网的信息。

要确保你的女儿在你能看到的地方使用屏幕设备，如果她收到不适当的消息或内容，你就可以介入。在我们家里，我们有一个"平板电脑不准进卧室"的规定。除非有特殊情况，否则，在我们的两个女儿使用屏幕设备时，她们必须在客厅，这样我们可以监督她们在做什么。

悉尼注册心理咨询师乔斯林·布鲁尔（Jocelyn Brewer）建议父母们制定一个适合自己家庭的"数字食谱"，而非简单地禁止使用屏幕设备。"我们真的需要赋予父母们力量，帮助他们弄清楚什么样的数字食谱和数字菜单适合他们家，以及如何与家里一些更重要的问题结合起来，比如，你们或者你们全家什么时候去户外活动？你们什么时候吃饭？怎么吃？以及所有与全家人的幸福和健康相关的内容。" 如果你女儿的屏幕时间适合你们家，并且她能做好在学校和个人生活中应该做的事情，允许她使用屏幕设备放松一下并不会使她丧失思考能力，变成一个没有意识的僵尸。

也许你想知道屏幕设备与如何让你的女儿感到平静有什么关系。我们已经发现对使用屏幕设备过度担忧与给孩子安排过多活动之间存在联系。我们认识一些父母，他们每天都安排孩子参加活动，到很晚才结束，因为他们担心如果孩子在家，他们会一直盯着屏幕。如果你也有这样的担忧，那么你就要知道：尽管使用屏幕设备对孩子有害的证据不足甚至不存在，但失眠、焦虑和压力对孩子有害的证据却非常有力。如果你因为害怕屏幕设备而让你的女儿过于忙碌，你就可能需要重新考虑一番了。

睡 眠

作为父母，我们所做的许多决定都有待检验。我们根据自身掌握的信息尽力而为，但只有时间才能告诉我们有没有做对。所以，知道你的养育策略中有一件事是绝对正确的会让你感到欣慰，这件事就是睡眠。

保证孩子睡眠充足，一切都会更加顺利。我们指的是一切。正如神经科学家萨拉·麦凯博士在《女性大脑之书》一书中所说："我们的身体没有哪个部分能免受睡眠剥夺[①]的影响。只要一晚不睡，你就会感觉非常糟糕。经常失眠、睡眠不足……你就会面临抑郁、代谢紊乱（如2型糖尿病）、心血管疾病、认知衰退以及一系列其他问题，包括死亡风险增加。"

当前的证据表明，在澳大利亚，小孩子的睡眠是充足的。澳大利亚家庭研究所（Australian Institute of Family Studies）报告称，在澳大利亚，大多数6~7岁孩子在工作日晚上睡眠充足，大多数男孩和女孩晚上8点左右上床睡觉。什么叫充足？你女儿的睡眠充足吗？根据澳大利亚国家睡眠健康基金会（The

---

[①] 睡眠剥夺，sleep deprivation，是指由于外界或自身的种种原因导致睡眠部分或全部缺失，以至于无法满足正常生理睡眠需求。——译者注

Sleep Health Foundation）的数据，小学生每晚需要睡9~11小时，中学生为8~10小时。

你的女儿应该睡多长时间？

年龄段	推荐	可能合适	不推荐
学步期孩子 1~2岁	11~14小时	9~10小时 15~16小时	不足9小时 超过16小时
学龄前孩子 3~5岁	10~13小时	8~9小时 14小时	不足8小时 超过14小时
小学生 6~13岁	9~11小时	7~8小时 12小时	不足7小时 超过12小时

资料来源：澳大利亚国家睡眠健康基金会

有些孩子的睡眠质量天生比其他孩子的好，当然，有时候生活中也会有一些因素影响睡眠质量。但总的来说，良好的睡眠是你的女儿可以练习和学习的一种技能，就像其他技能一样。

我们的两个女儿原本不是睡眠质量好的孩子。事实上，她们的睡眠很糟糕，以至于我们不得不送她们去上睡眠学校。事后证明这是一件幸事，因为那里的护士、医生和心理专家团队教会我们将睡眠和保持固定的睡眠习惯放在首位。顺便说一句，这其中并没有什么魔法。至少在我们的案例中，让两个女儿拥有高质量的睡眠重点在于为她们创造良好的睡眠条件，并把满足这些条件放在首位。

随着孩子长大，父母们会有一种牺牲睡眠来从事其他活动的冲动。课外活动可能会在早上上学前开始，并且持续到晚上，这意味着孩子们要起得更早，睡得更晚。或者孩子在晚上没有足够的休息时间，因此上床时精神紧张，无法入睡。

牺牲孩子的睡眠，部分原因是由我们社会竞争的本质驱使的。澳大利亚睡眠教育中心（Australian Centre for Education in Sleep）主任、心理学家莎拉·布伦登博士（Dr.Sarah Blunden）说，她和她的同事——包括教师、研究人员和临床医生——注意到，我们对孩子的期望已经改变：

我们认为，学校里孩子的负担确实比以前重多了。竞争变得更加激烈；我们是一个崇尚竞争的国家，我们倾向于给孩子施加越来越大的压力。尽管现在睡眠正在得到重视，但我们确实会为了那些我们认为"对我们更好"——对我们的未来更好，对我们的才智更好，对我们的发展和学习更好——的事情而牺牲睡眠。

然而，我们崇尚竞争和给孩子安排过多日程，以及随之而来的我们的女儿越来越少的睡眠时间，从长远来看可能不值得。疲惫的女孩很难集中注意力学习。疲惫的女孩很难调节自己的情绪。疲惫的女孩正在拿身体和心理健康冒险。真有什么课外活动或学习机会值得这样做吗？

试图通过安排过多的课外活动（进而削减她的睡眠时间）来确保女孩充分发挥她的潜力，这么做根本不值得。这包括社交活动或过多的家庭作业。你不能指望你的女儿从学校匆忙赶到篮球场，再去补习班，晚上7点回到家，吃完晚饭，做完家庭作业，跟你讲白天发生的事情，然后在晚上8点前安静地入睡。总有一些事情不得不牺牲，但不应该是睡眠。

好消息是，如果你的女儿睡眠质量不佳，这是可以改善的。布伦登博士说："睡眠这件事有一点非常好，那就是它是可以改善的。"她建议循序渐进地调整你女儿的入睡时间和起床时间，每2~3天调整15分钟。当她们适应新时间后，再调整15分钟，直到她们获得足够的睡眠。

我们的女儿雷打不动的睡前惯例包括放松时间：洗澡、刷牙、阅读、上厕所、上床。自从小维开始上学，我们就允许她在熄灯前有一段安静时光，可以在床上静静地阅读或涂色。至关重要的是，这段时间不得使用屏幕设备，因为手机和平板电脑的蓝光会让我们的大脑以为现在是白天。我们是从惨痛的教训中学到这一点的。当屏幕设备"渗入"小维的睡前惯例时，她会在床上躺到10点仍旧清醒且兴奋。现在，我们不允许两个女儿在睡前一个小时内使用屏幕设备，而她们大多数情况下头一挨枕头就能直接睡着。

而且，到了入睡时间，我们的女儿就要去睡觉。如果她们出来——假设她们没有生病或做噩梦——我们会调转她们的身体，并告诉她们回去睡觉。她们偶尔会因特殊情况晚睡一会儿，但是，当我们说"偶尔"时，我们说的是一年只有两三次。除此之外，每晚的入睡时间都是一样的，没有例外。

不知道有多少人跟我们说过，我们在两个女儿的睡眠问题上太死板了。但对我们来说，这么做非常值得，因为我们很少见到两个孩子疲惫的时候。正如每个父母都知道的，当孩子疲惫时，一切都变得更加困难。我们严格的睡前惯例让我们家里的每个人都过上了更加轻松和幸福的生活。

爸爸怎么做

带你的女儿去你们当地的图书馆。

图书馆是个好地方。它是你和你的女儿忙碌生活中的一处避风港，能让你们放慢脚步，共享平静。它也是你向女儿示范为了快乐而阅读的一个机会。挑选一本书，坐下来，开始阅读，并鼓励你的女儿也这么做。她可以在你身边阅读，或者你们可以一起读同一本书。

你不喜欢看书？那也没关系。如果你已经有日子没去图书馆了，你可能会发现它们与你小时候已经不同了。当地的图书馆里摆满了DVD、CD、电脑游戏、杂志和报纸。许多图书馆还订阅了电影、音乐、电子书和音频书的流媒体服务。即使在闭馆时间，图书馆也是"开放"的。

几乎所有的畅销书、电影和音乐都可以在图书馆找到。而且如果你找不到自己喜欢的，许多图书馆有在线表格，你可以推荐馆方购买。如果他们的供应商能够提供，并且符合他们的收藏标准和预算，通常他们会购买。

鼓励你的女儿爱上阅读的最佳方式是找到她感兴趣的书。如果有疑问，可以问图书管理员（这句话应该印在T恤上）。我们保证，如果你的女儿走到图书管理员面前，请求帮忙找一本关于她喜欢的主题的书，这会让那位管理员一整天都变得非常愉快。你的女儿也将练习寻求帮助的技能，增强她的独立意识和掌控能力。（我们将在下一章进一步讨论这一点。）

当你的女儿长大一些后，给她办一张图书馆借书卡，这样你就能在她使用这张卡时看到她脸上洋溢的喜悦和自豪。拥有这样一张卡会让她觉得自己与图书馆有了紧密的联系。她将成为这个"不那么秘密"的读者俱乐部的一员。

和你的女儿一起去图书馆，不仅会让她在年幼时就感受到平静和亲情连接，还可以成为你们一辈子共同珍视的仪式。

本章要点

- 养育孩子会让人觉得像是一份永无止境的待办事项清单。你总觉得自己应该额外做点什么,以便最大限度地发挥你女儿的潜力。好消息是,你可以选择放弃其中的一些。不断地推动女儿变得更聪明、更强壮、更健康、更快速和更有成效,这个追求就是你和你的女儿可以选择——而且绝对应该选择——放弃的。尽管听起来有违直觉,但养育一个喜欢她自己的女孩可能意味着做得更少,而非更多。

- 父母们往往优先考虑那些能让女儿得到提升的课外活动,而把玩耍和睡觉摆在次要位置。当时间紧张时,玩耍和睡眠往往是首先被牺牲掉的,但正确的做法恰恰相反。要养育一个喜欢她自己的女孩,玩耍和睡眠必须放在首位。只有在有空闲时间的情况下,才能安排那些让女儿得到提升的课外活动。

- 抵制课外活动的狂热、补习竞赛和对屏幕设备的过度恐惧,可能需要付出非常大的努力。但是,想想当初你为什么会捧起这本书。是因为你想培养一个能进入门萨俱乐部[①]的女孩吗?是因为你想养育一个能横扫各类奖项和荣誉,好让你发到社交媒体上让朋友羡慕的女孩吗?不大可能。我们敢打赌,你想养育一个喜欢她自己的女孩。而一个喜欢自己的女孩是平静的。

[①] 世界顶级智商俱乐部。——译者注

第5章

喜欢自己的女孩是独立并能干的

你还记得第一次独自骑自行车的经历吗？也许你不记得确切的时间或日期，但你很可能还记得当时的感觉。那种依靠自己的力量推动自己前进，终于掌握了技巧，双腿踩在脚踏板上协调运动，一边保持平衡，一边成功地掌握方向的感觉，是童年的一个重要时刻。我们会谈论它，回忆它，记录它。

为什么骑自行车是孩子生活中如此重要的一件大事？其中一个原因是，骑自行车不仅很难做到，而且是孩子必须独立完成的事情。虽然父母可以鼓励和帮助他们保持平衡，但骑自行车是每个孩子必须自己做的事情。对许多孩子来说，这可能是他们第一次记得自己有掌控感的时候，是经历了挣扎、沮丧、失败、坚持，最终取得成功的时刻之一。

一个女孩第一次独自骑自行车时所感受到的喜悦、自豪和力量感，是我们为她做的、对她说的或者给予她的任何东西所无法复制的。你无法制造这种体验，也无法买到它。你无法把掌握技能所带来的鼓舞人心的这种满足感给予别人，它只能亲身体验。这种感觉是生活的本质，这些时刻是我们生活的意义所在。而且，如果没有父母给予孩子的挫折和失败这个"礼物"，就不会有这些时刻。

是的，挫折和失败是一个礼物，但是，它是作为父母的我们往往很难给出的礼物。亲眼看着我们的孩子经历挫折和失败是一件痛苦的事。这么做似乎违背了我们作为父母的本能，而且，有很多社会压力要求父母为他们的女儿打造一个将挫折和失败降至最低的"完美"童年。

当我们第一次成为父母时，我们想当然地认为让女儿坐在我们的自行车后座上轻松前行是我们的职责。但是，现在，我们的看法发生了改变。我们最重要的责任之一，是支持和鼓励我们的女儿发展她们的独立性和技能，以便她们在生活的各个方面都能独自"骑行"。这是建立自尊的关键。父母可以对女儿说她有多么出色，直到她们的耳朵听出老茧，但这并不能让她喜欢她自己。喜欢自己是从内心发芽，并在技能这一肥沃土壤中成长的。

在本章，我们将概述让你的女儿培养技能和独立性的理由，并为你提供一些有证据支持的方法来帮助她做到这一点。不过，让我们先从一个故事开始。

"你真棒！"式养育方式

5岁的艾莉正和她12岁的表姐杰西卡一起坐在厨房的餐桌旁。杰西卡一直在学校的美术课上学肖像画，所以两个女孩决定给艾莉的布娃娃画肖像。布娃娃被立在桌子的一端，它有着一对闪亮的大眼睛，带着它的标志性的黄色和黑色相间的蝴蝶结，穿着一双小芭蕾舞鞋。艾莉的爸爸在一旁走来走去，偶尔撇上一眼，确保水罐不会被打翻，颜料也不会被飞舞的画笔甩到墙上。

10分钟过去了,杰西卡画的肖像看起来很不错。她成功地捕捉到了布娃娃的外貌特征。与此同时,艾莉的画看起来像是黄黑相间的油渍和路边被轧死的动物尸体的混合体——完全符合对一个5岁孩子的作品的预期。

小艾莉比较了这两幅画,肩膀塌了下来。"我的画很糟糕。我真笨。"她说。

艾莉的爸爸成长于20世纪80年代。那是一个爆炸头、酸洗牛仔裤、巨人希曼[①]和自尊运动大行其道的年代。自尊运动建立在自尊是打开幸福和成功王国的魔法钥匙这一理念之上。所有父母和老师只需要重复说魔法词语"你很棒"或其他类似的话语,就能给孩子们这把自尊的钥匙。

如果你的童年像我们的一样,你可能在学校里见到过许多关于"你真棒!"的宣传活动。你的教室里贴着的海报上或者你的作业本上可能会有"你很特别""大家都爱你"和"你无所不能"的字样。一些老师停止使用红笔来批改试卷,因为这种颜色被认为会伤害自尊。似乎犯错误对孩子来说是如此糟糕,以至于他们的老师需要减轻这种打击。

"你画得很好!"爸爸向艾莉保证,此时他童年学到的所有东西都开始起作用。"画得太好了,应该放在画廊里展出。你是一个伟大的艺术家。"

作为回应,艾莉沮丧地把她的画揉成一团。"不,不好。杰西卡画得才好。我的画看起来像一坨臭便便。"泪水在她迷人的小眼睛中打着转。

"别担心,亲爱的,我来给你画布娃娃。"爸爸毫不气馁

[①] 动画片《宇宙巨人希曼》的主角。——译者注

地说。他很快就给布娃娃画了一幅肖像画。他不是艺术家，但画得还不错，即使他自己也这么认为。

此时，爸爸自我感觉非常好。至于艾莉，她则并不那么开心。

"你真棒！"式养育存在的问题

自尊运动产生了深远的影响。在任何一个游乐场停留5分钟，你就能从父母们口中听到那些言过其实的赞美（有时甚至是赤裸裸的假话）："做得好！""你真棒！"。

对孩子说这些话让我们感觉良好。看到这些话让他们露出微笑，我们感觉更好。但"你真棒！"式养育方法的问题在于，事后看来，它完全没有效果。研究表明，只是重复积极的话语几乎起不到改善情绪或激励成就的作用。

而且，更糟糕的消息还在后头。《驯服虎爸虎妈》的作者塔尼丝·凯里认为，夸大你女儿的能力可能会让她将自我形象建立在自大的幻想之上。迟早有一天，现实将给她沉重一击，并破坏她的幻想。空洞的赞美之于我们的自尊，就像含糖饮料里的空热量①之于我们的身体：容易接受，但从长远来看会从内部侵蚀你。

你好好想想："你真棒！"式养育方法已经盛行了近50年，正如我们在本书引言中展示的那份女孩们的成绩单所显示的那样，遭受抑郁和焦虑折磨的女孩数量令人震惊。当然，这可能受到愿意袒露焦虑或抑郁情绪的孩子数量增加的影响。即使是这种情况，问题也仍旧是，试图用空洞的陈词滥调来提升孩子

---

① 空热量，empty energy，只提供热量，不提供任何营养物质。——译者注

们的自尊似乎对减少焦虑和抑郁的孩子数量没有什么作用。

这种好心却具有误导性的提升孩子自尊的方法是根据研究做出的。这些研究表明，成功和有能力的人具有高自尊。问题在于，它把因果关系搞反了。高自尊并不能孕育成功。事实证明，成功和能力促进了自尊的提升。你的能力越强，你的自尊会提高越多。正如心理学家马丁·塞利格曼在《教出乐观的孩子》一书中说："特别是自尊的感觉，以及总体上的幸福感，是作为战胜挑战、成功工作、克服挫折和无聊的副产品而逐渐形成的。自尊是把事情做好的副产品。"

告诉小艾莉她画的布娃娃值得在国家美术馆展出，并没有像爸爸期望的那样让她感到开心。艾莉可能只有5岁，但她并不瞎，也不是傻瓜。她清楚地看到，杰西卡的画比她的好得多。爸爸冒失地插手解决艾莉的问题，为她画了一幅画，也没有帮上什么忙。这只会让艾莉看出，尽管爸爸那样说，但他也认为艾莉的画很糟糕。事实上，她的画很糟糕以至于他需要重新为她画一幅。

掌握技能的关键

如果掌握技能是培养你的女儿自尊进而让她喜欢自己的方法，那么如何实现呢？简单的答案就是，通过做事情。

让我们的女儿对自己感觉良好的不是言语，而是行动。而且，关键是她们的行动。你的女儿不会在你说她很棒时对自己感觉良好，而是在她做了她认为很棒的事情的时候。当她完成一个目标、学会一项新技能或者做了某件她感到自豪的事情时，她会对自己的能力有一种感觉。正是这种掌握技能的感觉会培养她的自尊。向我们的女儿灌输这一课的一种方式，是遵循这个规则：只为她做她自己做不到的事情。

我们这里说的不是什么惊天伟业。这个规则适用于日常活动，像自己穿衣服、系鞋带、整理床铺、背书包或者烘烤蛋糕时让她加面粉、加糖、打鸡蛋——以及当她再大一些，自己量取食材。温迪·梅森是墨尔本一所独立学校的早期学习主任，她说："孩子们喜欢承担责任，这是一个满足他们对自己的巨大期望以及体验成人世界的机会。"她说，当孩子们的所有事情都由成年人代劳，他们就失去了对生活的自主权和控制。"当身边的大人控制着孩子生活的方方面面，在这种环境中的孩子无法驾驭情绪有什么奇怪的吗？"

很多时候，你会发现你的女儿不喜欢这个规则。例如，我们坚持让两个女儿自己背着书包去上小学和幼儿园。这只需步行大约1.5千米，并不算长途跋涉。但是，当我们的女儿看到其他孩子的父母替他们拿着书包走过他们的汽车和校门之间的那一小段距离时，她们会说我们的做法不公平。对于这些抱怨，我们的回应是一句响亮的"说什么都可以"。我们相信，让她们学会做自己力所能及的事比"公平"更重要。

当然，有时忙乱的生活会妨碍这一规则的实施。当我们的两个女儿还很小的时候，早晨我们经常没有多余的30分钟让她们自己系鞋带。而且，当她们还是学步期孩子时，从餐桌下和椅子上甚至墙壁上（以及任何她们能涂抹肉酱的地方）清理她们自己吃肉酱意大利面弄掉的残渣一点也不好玩。但只要有可能，我们就会努力遵守这个规则，因为我们知道，每当我们鼓励两个女儿自己做事情，我们就是在培养她们的独立性和技能，并且向她们表明我们相信她们能做到。

鼓励女孩自己说

帮助你的女儿培养掌控感的重要方法之一,是鼓励她自己说话。这可能发生在亲朋好友欢聚一堂的社交活动中,或者更重要的,可能发生在她与老师和医生之类的权威人士会面的场合。比如,在医生办公室,要鼓励你的女儿(假设她已经足够大了)向接待员自报姓名,并告诉医生自己的病情,而不是替她说。在去看医生的路上,我们可以在车里演练一番,让女儿大声说出她为什么要去看医生,然后问她:"当医生问你出了什么问题,你会怎么说?"

心理治疗师利兹·霍冈(Liz Hogon)说,在她治疗的焦虑和低自尊的孩子中,一个共同的因素是父母代替他们说。"这些孩子在回答问题前会先看向他们的父母,或者一边回答问题一边观察父母的反应。"霍冈说,"如果父母不让孩子自己说,他们长大后就会认为自己没有能力拥有自己的看法,认为自己非常没用,需要父母替他们说。他们也无法练习为自己辩护,他们没有自信。"

这种自信的缺乏会影响到孩子生活中的其他方面。做过11年入学面试的小学校长西蒙·米勒(Simon Millar)注意到了一个模式。他估计,在入学面试中有机会自己说话的孩子,比父母代替回答问题的孩子在学习能力上领先大约12~18个月。这并不是说,那些自己说话的孩子一定知道被问的问题的答案,也不是说他们的父母完全不说话。父母可能会给孩子一些小小的提示和鼓励,以帮助孩子回答。例如,如果米勒校长问孩子在幼儿园最喜欢什么,而孩子沉默着回头看父母,父母可能会说:"你昨天做过的事情怎么样?你把它带回家,我们把它贴在了冰箱上。把这件事告诉米勒先生吧。"孩子的回答可能只是一个词——"画画",这样已经很好。重要的不是说多少话,而是孩子有机会和责任与比自己年长的人交流。孩子也会学到,他们说的话很重要,并且大人认为值得倾听。

也许那些自己说话的孩子本身就是学习能力领先的孩子。他们有信心自己说话可能正是他们学习能力的结果。不过,孩子自己说话的好处不仅仅局限于学业表现,还包括在校园里的社交。米勒校长说,自己说话的孩子更有可能更顺利地度过入学过渡期,更容易在班里交到朋友,适应能力也更强。"虽然每个学生的成长速度不一样,但父母或监护人赋予孩子力量,让他们自己说话和做事,可以提高孩子的成长速度,从而带来他们的独立性、适应力和自信心的增强。"米勒校长说,"那些被父母赋予了力量的孩子,即便只有4岁,通常也能表现出更为成熟的学习能力和社交技能。"

不要每次都到场

"你总是不来。"

这是一个小女孩哭着对妈妈说的话,因为妈妈没有去观看她在全校大会上唱歌。全校大会在中午举行,而她的妈妈要上班。前一天有一个课堂展示,也安排在中午。她的妈妈已经跟别人换班并出席了课堂展示,但连续两天换班确实有些困难。毫不奇怪,妈妈含泪离开了学校,感觉自己被正式认定为世界上最差劲的妈妈。没有什么比这种负罪感更能毁掉你的一天了。

但是,从培养技能的角度来看,这也有其好的一面。这位母亲正在教给她的女儿关于独立和自立的宝贵一课。这个小女孩当时无疑会感到难过,但她也会发现,自己独自完成一些事情并不是世界末日。快乐、适应力强的孩子相信自己能够独立行动，而不必总是依赖父母这张安全网。

我们并不是在建议父母不应该积极参与孩子的教育。他们当然应该。但是，通过偶尔缺席，我们会帮助孩子学会内在的满足；成绩本身就可以让自己得到满足，并不总是需要父母用手机记录下来才有意义。

但是，当事情很重要时怎么办？

你可能会想，让女孩尽力做她们力所能及的一切事情的规则在大多数情况下都没问题，但是，倘若遇到非常重要的事情呢？有些父母认为，让女儿自己系鞋带或者背书包都很好，但学校布置的作业和项目就是另一回事了。他们的理由来自对孩子的爱和担忧，担忧如果他们管不好一些细节，孩子的教育会受到影响。毕竟，这关系到分数，而分数关乎孩子未来的进步。

但是，获得好分数并不是教育的目的。同样重要的是自主学习。也就是孩子们对自己的学习负责，并追求自己的兴趣和激情。这才是教育的真正意义：成为一名终身学习者，能够规划自己的道路，并掌控自己认为重要的事情，而不论分数如何。

在上学的前三年，我们负责让小维每晚读她带回来的读物。我们觉得她太小，自己无法承担这个责任。但是，当她开始从学校带回家庭作业时，我们就明确地跟她讲，现在是她站出来为自己负责的时候了。小维需要自己安排时间来做她的作业或学校项目，或者不做。如果她需要我们的帮助，我们会很乐意帮忙，但我们不会主动提供帮助。当然，我们也不会求她写、哄她写或拿好处引诱她写。

如果小维选择不做作业，或者如果她忘记了，又或者没有安排好时间，就是她自己需要处理的问题，她不得不自己面对后果。我们不会给老师写条子找借口，也不会要求宽大处理或延期。

也许你会想，难道我们不担心她会错过学习一些东西吗？难道我们不担心她会惹上麻烦吗？难道我们不担心自己会显得像那些不关心孩子教育的粗心父母吗？对于这些问题的答案都是：不担心，不担心，不担心。让小维对自己的行为负责，而不是继续依赖我们，比她带回家的任何一份作业都重要。这种方法的另一个好处是，我们家里不会因为作业而争吵和大吵大闹。如果小维说她不想做作业，我们会说："好吧，这是你的决定。你可以去跟老师解释。"

因为我们知道，在小学阶段，家庭作业对孩子的学业几乎没有好处（正如我们在上一章讨论的那样），唯一的好处就是给小维提供发展独立性的机会。如果我们不必要地干预，并开始为小维完成作业和项目承担起责任，那么我们可能连家庭作业仅存的这点好处也得不到了。

如果父母对孩子的作业或项目管得过细或者甚至替孩子做完，他们可能就会在无意中向孩子传递一个信息：你自己做不到。即使是出于对孩子的爱和对其教育的关心，父母介入过多也可能会损害孩子对自己能力的信心，以及培养技能的机会。

需要说明的是，我们并不是在暗示你永远不应该帮助你的女儿完成她的项目或作业。但这里的关键词是"帮助"。例如，当小维做数学作业并且手指头数不过来时，我们就拿了一袋冷冻豌豆，向她演示如何用豌豆代替手指。我们还花了很多周末的时间四处采购硬纸板、颜料、胶带和那些天知道我们的两个女儿说她们的项目需要的东西。我们还在时间管理等方面向女儿提供建议。例如，当小维想用纸浆制作她的水循环景观项目时，我们告诉她，每个步骤之间都需要几天时间来干燥，并建议她早点开始。但我们还是让小维自己决定做什么以及什么时候做。如果她没有安排做纸浆项目的时间，她将承受由她的决定所带来的自然后果。

有时候，不干预真的很难。例如，当小维读一年级时，学校布置了一项任务，需要把文字和图片剪下来贴在一本自制的书上。让我们告诉你，当时6岁的小维的剪切和粘贴技能就是一个正常6岁孩子的水平。她花了几个小时，剪切了许多歪歪扭扭、奇形怪状的纸片。看到她做的这些简直让人难以忍受，因为我们知道，我们用不了10分钟就能为她剪切和粘贴好，而且看上去会整洁得多。可是，那会教给小维什么呢？她会学到，她的剪切和粘贴技能十分糟糕，以至于需要我们替她做。她会学到，我们对她的作品质量的判断比她自己的判断更重要。而且，她不需要对自己的学习负责，因为我们会及时出现并替她做。

孩子们的超能力：他们对一些事情是无知的

孩子们对一些事情是无知的，尤其是年幼的孩子，而这是一件好事。事实上，这正是他们的超能力。他们对自己的能力一无所知，也不清楚这些能力的极限在哪里。结果，他们会尝试任何新的任务和挑战。正如教育评论家、作家肯·罗宾逊[①]爵士在他的TED演讲——历史上观看次数最多的TED演讲之一——中解释的那样，"孩子们会冒险。如果他们不知道，他们就会

[①] 肯·罗宾逊（Sir Kenneth Robinson），1950~2020年，英国华威大学教育学教授，2003年，因其杰出贡献而被英国女王伊丽莎白二世封为爵士；他被誉为全球最具影响力的教育家，是排名第一的TED演讲者。——译者注

尝试。他们不害怕犯错。"

罗宾逊以一个6岁女孩的故事来说明他的观点。这个女孩在课堂上很少专心听讲，直到有一天，老师要求孩子们画一幅画。这个小女孩完全沉浸在画画中。老师被她入迷的样子吸引了，于是走过去问她在画什么。女孩回答说："我在画上帝。"老师说："可是，没有人知道上帝长什么样呀。"女孩说："他们很快就会知道了。"

罗宾逊认为，随着我们长大，我们失去了这种尝试的能力。观察一个婴儿尝试着行走，你会看到犯错误是孩子们学习和发展的天然方式。因为他们还没有学会害怕失败，也没有犯错的概念，孩子们会不断尝试。他们铁了心，心无旁骛地追求独立性和掌握技能。

然而，对许多女孩来说，在学会走路和最终成年之间的某处，对失败的恐惧变成了一种比独立和掌握技能的渴望更强的动机。许多女孩开始认为，犯错误可能是她们做的最糟糕的事情。她们从对我们的观察和模仿中，从我们的教育系统要求孩子们涂色不能越线的教育方式中，以及从女孩普遍承受的追求完美的压力中，学会了害怕失败。当孩子们害怕失败时，他们就会限制自己的潜力，会让自己的世界变得狭小，会遭受焦虑和严重恐惧的折磨，而且会拒绝走出自己的舒适区，失去掌握技能的能力和动力。

庆祝失败

当你退后一步，让你的女儿自己做事情时，她可能会失败。她会把事情搞砸、弄得一团糟并处置失当，因为她仍在学习和摸索这个世界的运作方式。这是必然会发生的事。

那么，问题是你应该允许你的女儿失败吗？

答案是肯定的。要允许她失败。要允许她感受到自己所做的事情达不到自己的标准。

然后，要允许她再次失败，并在之后接着失败，以及失败更多次。

技能只能通过吃苦头的方式来培养——通过挫折、坚持、失败和再次尝试。有些具有非凡天赋或运气的孩子或许能够走捷径，但总体而言，通向掌握技能的道路只有一条，而且是由不适铺就的。当我们不允许我们的女儿失败时，我们就剥夺了她们获得技能以及与之相伴的真正持久的自尊的机会。这种自尊对于一个喜欢自己的女孩来说是不可或缺的。

当小维还是个学步期的孩子，而我们还没有意识到允许孩子失败的重要性时，我们是那种典型的过度保护、过度焦虑、过度关注的新手父母。我们经常把小维托举到公园里的攀爬架上，因为我们认为她还没有足够的力量或协调能力自己爬上去。我们承担起了引导她的体育活动的责任。她对我们会帮助她是如此深信不疑，以至于她会站在架子下面，举起胳膊看着我们。她甚至不试着自己爬爬看。无意中，我们教给小维的是她做不到。我们竟然如此迅速地在她心中灌输了无助感，这太让人震惊了！

到了小艾出生时，有两件事情发生了变化。首先，我们更加放松，也没有那么多时间像直升机一样围着两个女儿转了。但是，我们还意识到了失败的重要性。我们很少帮助小艾探索游乐场里的各种器材。当她因为爬不上攀爬架而发脾气时，我们会先与她共情，理解她的挫败感，然后告诉她，她需要继续练习，尝试用不同的方法去爬，多试几次她就能做到。我们的态度明确，甚至到了小艾不会想到我们可以帮助她的程度。她为达成她在游乐场上的小目标承担起百分之百的责任。当她最终做到时，她的小脸上洋溢着的满足和骄傲是这世上最动人的风景。回顾过去，每当我们把小维举到攀爬架上以避免她遭受挫折时，我们实际上剥夺了她体验与小艾相同的自豪和满足感的机会。

我们知道：这听起来像是美国海军陆战队写的养育手册。但这不需要成为一堂残酷的课程——这个世界是一个冰冷的地方，而且生活只是一个接一个的苦涩失败。像大多数情况一样，这完全取决于具体情形和你如何向你的女儿呈现。你可能需要努力改变对失败的看法，将其视为可取之事。下面是一个如何教女孩接受失败的例子。

克里斯的故事

在小维学校里的一次父母互助阅读课上，我辅导了一个已经学会害怕失败的小女孩。她每个单词都读得战战兢兢，不断地看向我，寻求反馈和确认。一旦她遇到不熟悉的单词，她就会停下来，睁着圆圆的大眼睛看着我，等着我来帮助她。她很怕读错，没有我的帮助，她甚至不愿意试着读一个词。在她看来，保持沉默要比向世界展示她不懂某件事更好。

这么读下去，这节课怕是要读到猴年马月了，于是我讲了一条我的阅读规则。

"你必须读错。"事实上，我告诉她，"我希望听到你尽可能多读错。"

她抬头看着我，既困惑又有些怀疑。当学校的目标是学习如何把事情做对时，被告知要犯错误似乎像一个玩笑。

"你知道你为什么应该读错吗？"我问道。她摇了摇头。"因为这样我们才能知道自己在学习。"

辅导继续进行，每当这个小女孩试着去读并且读错时，我都会大声夸她勇敢。每个错误都是一次庆祝。这是参与和尝试的胜利。只有在她反复尝试之后，我们才一起读出那个单词。结果证明，她认识的单词比她想象的要多得多。她只是需要试着把它们读出来。

当然，这种做法不仅适用于阅读，也适用于每一个重要的生活技能，从数学到学习如何用泡泡糖吹泡泡。有一条生活格言这样说：不犯错，无长进。

完美主义的诅咒

鼓励你的女儿接纳自己的错误的另一个原因是，这将有助于她抵御完美主义的影响。女孩们经常被教育只向世界展示自己最好的一面。"我是个完美主义者"常常被用来作为一种低调的炫耀。但是，在完美主义的闪亮表面之下，你会窥见焦虑和不安的伤口。没有人能够始终完美无缺——即使是自称完美主义者的人也知晓这一点。因此，任何将自我认同建立在完美主义之上的人势必会持续生活在恐惧之中，害怕自己的瑕疵会显露出来。对完美主义者来说，要真正喜欢自己是非常困难的，因为他们在内心深处会觉得自己是个骗子，知道自己再犯一个错误就会被揭穿。

像所有人一样，你的女儿在生活中会犯错误，而且可能还会犯很多错误。如果她要喜欢自己，她就需要知道，失败不是她品格或价值的衡量标准。当父母鼓励女儿犯错，失败就会变得不再那么可怕。她会知道，她可以尝试新事物，可以失败或彻底搞砸，然后再次尝试。她还会通过自己的经验学到，即使她不完美，这个世界也不会因此崩溃。

失败不等于是一个失败者

鉴于社会极其迷恋成功，庆祝失败似乎违反直觉，甚至有些悖逆常理。我们都希望看到我们的女儿成功，所以，我们需要在"是一个失败者"和"有价值的失败"之间做出重要的区分。"是一个失败者"是一种全面的身份认同。如果女孩从内心深处接受了自己是一个失败者的观念，她们很可能会降低对自己以及对周围世界的期待。毕竟，如果结果（至少在她们心里）已经是预先确定的，那尝试还有什么意义？重要的是要明白，失败不是一个人的品格特征，而是通向掌握技能之路上的一个必要步骤。

与之相反，有价值的失败是跌倒了、重新站起来并从这段经历中学习。这是在帮助我们的女孩们认识到，失败并不能定义她们。相反，失败是尝试新事物要付出的代价。教给你的女儿如何有价值地失败，并不意味着她会成长为一个失败者。恰恰相反，失败意味着她有勇气去尝试。这次没成功，所以现在她可以从中学习，然后下一次（甚至是再下一次）会做得更好。

人们经常谈论从错误中学习，但他们忽略了这本身就是一种技能。许多成年人实际上从未真正学会如何学习。他们尝试一件事，没有得到他们想要或期待的结果，然后，他们会继续重复同样的过程。最终，许多人感到沮丧并放弃。

学会如何从失败中学习，是父母们可以帮助自己的女儿培养的一项技能。这需要一个反思的过程，分析哪些方面做得好，哪些方面做得不太好，并注意到其中的模式，以便你的女儿能根据需要改进她的方法。你可以通过鼓励女儿再次尝试但以不同的方式尝试，来促进这一过程。你可以问问她那一次做了什么，得到了什么结果。要提示她思考下一次她可以做出哪些改变,以便获得不同的结果。

如果你不喜欢"失败"这个词,就用"反馈"来代替它。失败是反馈,表明你尝试的事情没有成功,或者没有像你预期的那样成功。你可以利用这个反馈来改进你的方法并再试一次。反馈,只有在真正应用到我们正在做的事情上,并激发我们重新思考和重新评估时,才是有用的。

让你的女儿承认她的成功

拥抱失败的另一面就是拥抱成功。当你的女儿在她觉得很难的事情上取得成功时,你要将其当成一件大事。把整件事变成一个故事,表明勇气和失败是成功的必经之路。例如,"一开始,攀爬架确实很难爬。你掉下来好几次。那种感觉很沮丧,是不是?但是,你没有放弃。你尝试了不同的方法,发现如果先爬上杆子,接着就可以踩着爬上去了。现在,攀爬架对你来说已经是小菜一碟了。真为你高兴!"

要让她承认她的成功。这可能与你的父母养育你的方式有很大不同。例如,在我们成长过程中,大人经常教导孩子要装出谦逊的样子,尤其是女孩。那些承认自己的成功的女孩会被指责"自吹自擂""自满自大""自高自大""炫耀"。

为了避免自己被贴上这些标签,你年幼的时候可能会说类似"我完全没想到"或者"我只是运气好"这样的话,即使你花了好几周时间拼命学习。或者,你可能会说:"我真的配不上这个成绩",因为将成功归功于你的努力、坚持和天赋会显得既庸俗又自负。

问题是,每当女孩说出这些自我贬低的话时,她就会在一定程度上相信这些话。为了迎合他人的期望而贬低自己的成功，是自我贬损的一种方式。她重复这些话语的次数越多，她就越可能将它们视为事实，而非原本的谦辞。更糟糕的是，通过把自己的成功归结到外部力量，哪怕那个外部力量是愚蠢的运气，她还破坏了自己的力量视角。

正如我们应该鼓励女儿承认她的失败一样，我们也应该鼓励她承认她的成功。当然，她应该承认别人给予她的帮助和支持——没有哪个人的成功是完全靠自己的——但不要让她将她的成功归功于外部原因。当然，有些人确实因为一些好运气和适当的环境而取得了成功，但在大多数情况下，持续成功往往依赖更多的勇气、努力、技能、决心和对失败的接纳。

我们不允许两个女儿假装谦虚。当我们的女儿取得成功时，我们会庆祝她们的成就。我们告诉她们，她们应该为自己感到骄傲。我们自己也会做出榜样，告诉她们，"我很骄傲我自己做到了"或者"我非常努力，工作做得特别出色"。当有人夸奖我们时，我们会接受，并说谢谢，而不是力证我们为什么配不上这样的夸奖。

比较与竞争的迷思

我们生活在一种竞争文化中，而且我们的学习和能力往往由我们超过了谁来评判。竞争能够激发出人们最优秀的一面这个观念被认为是事实。如果没有竞争，据说我们都会甘于乏味的平庸。根据这一观念，竞争促使我们追求卓越。它塑造品格。而如果我们仍然不这么认为，我们就会对自己说竞争是生活的一部分。外面是一个竞争激烈的世界，所以，我们的女孩最好适应它。女孩们越早学会面对竞争越好。

竞争的逻辑乍看之下似乎很有说服力。但是，如果你仔细审视，"裂隙"就开始显现出来。研究表明，竞争并没有使我们的孩子表现得更好。事实上，竞争的压力实际上破坏了他们的表现。例如，那些在玩电脑游戏时被告知在与别人竞争的孩子，比那些没有被告知在竞争的孩子在游戏中的表现更差。那些总是与他人竞争和比较的孩子的自信会很脆弱，因为他们把这个世界看作是一个残酷无情、赢家通吃的所在。如果他们的自我价值建立在要成为最好的基础上，那么当他们不可避免地失败时，他们留下的只会是一种惨重的失败感。

半个多世纪以来的研究表明，孩子们以合作的方式会学得更好。他们会表现出更强的解决问题的能力，他们更有创造力，而且关键是他们拥有更强的自尊。美国教育专家阿尔菲·科恩（Alfie Kohn）研究竞争的影响已经有30年，他说，我们的孩子正在输，因为我们努力促使他们赢。他在《不要竞争：反对竞争的案例》一书中写道："在大多数竞争性的对抗中，大多数人都会输，这显然会引起自我怀疑。但是，即使赢了也不会塑造品格；它只会让一个孩子暂时扬扬得意……你的价值由你做过的事情定义。更糟糕的是——你的价值与你打败的人数成正比。"

不断地被评判、比较和施压——不仅在幼儿园和学校里，还在舞蹈课上、体操比赛中或者足球场上——会侵蚀一个女孩的幸福。竞争是一种外部衡量标准，它让一个女孩的表现和与之相关的自我价值处于与他人相对的状态。在竞争心态下，很少有内在动机的存在空间。它依赖的是女孩参加一项活动是为了被衡量、评估和评级，而不是因为这项活动本身能给她们带来满足和快乐。

我们的目标应该是养育始终喜欢自己的女孩，而非只有在击败别人时才喜欢自己的女孩。在可能的情况下，我们要通过鼓励我们的女儿从她们独立进行的活动中找到自我价值，而不是不断地与他人比较，来抵制这种竞争文化。如果你的女儿抱怨："为什么我不如＿＿＿＿＿＿优秀？"那就让她问问自己，为什么别人是否比她优秀这件事如此重要。这对她的快乐或成就感有什么影响？问问她，她当初为什么参与这项活动。是因为这项活动有趣并且她想学习？还是因为她想赢或成为最好的？

如果你的女儿只是为了比别人优秀而做某件事，那么她到头来就很可能会成为一个失败者。更准确地说，她最终会认为自己是一个失败者，因为无论你的女儿多么优秀，这世上总会有人比她更优秀。拿自己与他人比较或许在短期内有效，但从长远来看，这会让她感觉自己的能力不足。

正是由于这个原因，在表扬女儿时，我们要小心地避免做比较。父母们常常试图通过告诉女儿她是舞台上最优秀的舞者，或者她是班里最聪明或最乖的孩子，来让她感觉良好。虽然这些父母的动机无疑是爱，并且认为自己是在提升孩子的自尊，但指出女儿比同龄人优秀却可能会产生相反的效果。这会造成女儿的焦虑和不安，因为其自然的假设是，当她不是最优秀的那一个时，她就不够好。告诉你的女儿她比其他孩子优秀的另一个风险是，她可能会把这句话讲给朋友听，并最终让对方不高兴。

我们一直尽量避免使用比较性的表扬。当我们的两个女儿在体操表演、跆拳道考级或拼写测试中表现出色时，我们会表扬她们用心练习、敢于走出舒适区并竭尽全力。关键是她们自身，而不是她们相对于其他人的表现。这并不意味着我们扼杀了女儿的抱负。也不意味着我们在培养以自我为中心、只关心自己有限经历的自恋者。我们希望我们的女儿有追求成功的动力，而且这一动力在很大程度上不依赖贬低别人来让自己感觉良好。我们不与两个女儿谈论她们在比赛或测试中的排名，我们会问她们是否对自己的表现感到满意。她们认为自己做出正确选择了吗？她们认为下次应该有所改变吗？

我们还会庆祝其他孩子取得的成就，以便我们的女儿能了解到，别人的成功不会削弱她们自己的成功和自我价值。当另一个孩子赢得一个奖项或奖品时，即使这是小维或小艾真的很想要的，我们也会鼓励她们祝贺那个孩子，并通过努力为他们感到高兴来锤炼共情能力。

运用表扬促进技能的掌握

运用表扬来鼓励你的女儿的独立性和技能而不是削弱它们的其他做法有：

1.保持诚实

确保你的表扬是诚实的。这与"你真棒！"的养育方式中空洞或泛泛的表扬完全相反。孩子和成年人一样，能听得出虚假的奉承。他们知道我们在装模作样。要表扬你的女儿确实做到或者她自己能够做到的事情。几乎没有哪个孩子会完全彻底地失败。在任何情况下，她们的表现或结果中都会有值得表扬的因素。

2.表扬她的坚持不懈和那些她能再次做到的事情

把表扬留给你的女儿可以控制并且未来能再次做到的事

情。这更有可能让她感觉到被赋予了力量和受到了激励。例如，表扬她在完成项目中的辛苦努力和奉献（这是她可以控制和再次做到的），而不是她获得的好成绩（说到底这是老师控制的，而且你的女儿可能无法影响下次的成绩）。

我们经常过于关注最终的结果，却忽略了在此过程中付出的时间和努力。与其表扬她画的画，不如告诉她："你这次尝试了一种不同的技法，我真的很喜欢。练习会让你成为更好的小画家。"研究表明，表扬工作过程（"你用了好的拼图方法！"）而不是孩子的天赋（"你一定很擅长拼图！"）能增强他们的自我激励。

表扬你的女儿进行的练习和尝试——即使她并未获得想要的结果——比庆祝最终结果有价值得多，这会向你的女儿传递一个信息，即真正重要的是什么。这表明，你重视的是她展现出来的技能——坚持和练习。这些技能是她可以应用到生活中的许多其他领域，而不仅局限于她被表扬的领域的。无论你的女儿决定追求什么，坚持是一种能让她受用一辈子的技能。

从做事情的态度而非天赋出发重新解读他人的成功和成就。当我们谈论女儿的叔叔，一个成就斐然且得奖无数的作曲家时，我们会说："你们的叔叔迈克尔之所以钢琴弹得这么好，是因为他每天都练习。"这样做还有一个额外的好处，那就是向我们的两个女儿表明，那些现在看起来似乎遥不可及的事情实际上是可以实现的——只要她们去练习。毕竟，如果她们相信音乐只是拥有音乐天赋的人才能做到的事情，她们就永远不会去尝试。这也适用于各种日常活动。当小维告诉我们，她的朋友杰里米在《我的世界》游戏里比她玩得好时，我们就提醒她："那是因为杰里米练习得比你多。如果你多多练习，你也会玩得更好。"

3.表扬取得的进步

通往掌握技能的道路往往漫长而艰辛。如果你的女儿感到沮丧，要表扬她从开始到现在取得了多少进步。例如，"你刚开始上学的时候只认识自己的名字。现在你都能读故事书了。这是因为你每天晚上都练习阅读。我真为你高兴！"与其关注她距离目标还有多远，进而可能让她对未来的漫漫长路心生畏惧，不如提醒她已经取得了多大的进步，以此来激励她继续前进。

4.表扬你的女儿做了她认为很困难的事情

如果你承认你的女儿所面对的困难并表扬她勇于尝试，她就更有可能坚持完成那些她感到困难的行为和活动。我们不是指演奏巴赫的钢琴协奏曲或者记住汉字。它可以是各种日常活动，例如，等待、分享或者练习她不擅长的技能。例如，"我能看出来这对你来说真的很难。但你坚持下来了。做得好。"

做好被孩子拒绝的准备

培养独立和能干的孩子是既甜蜜又痛苦的事情。如果你做得很出色，你最终会发现自己作为父母已经变得多余。或者说，你作为父母的角色会一再缩减，直到可有可无。这是一个循序渐进的过程。

例如，在学前班的第一个学期结束后，我们不再送小维进教室。她对这个新安排有异议，并说其他父母都把孩子送进教室。然而，我们知道，独自进教室对小维来说是非常安全的，她反对是因为她觉得自己做不到。我们想让她知道，她有能力自己进教室。我们能为女儿做的最有益的事，就是帮助她知道她有足够的勇气和能力独自完成这件事。放学接她回家时，我们表扬她长大了并且很勇敢。

当然，她并没有立刻就把我们鼓励的话语听进去。我们对她勇敢的表扬好像也没什么用。第二天，情况果然依然如故。她又想让我们陪她走进教室，但我们告诉她，她可以自己进去。这种情况又持续了几天。

然后，有一天，她不仅没有要求我们送她进教室，还拉起一个正在哭鼻子的小女孩的手，陪她一起进了教室。这是我们感到得意的时刻。我们的小女孩不仅能独自去教室，还感到足够强大，能够帮助另一个孩子学习她学到的一课。真是太棒了！

但是，一年后，我们发现，鼓励我们的女儿独立并非没有痛苦。有一天，小维上学就要迟到了，而且外面还下着雨。小维的同学都进去了，所以我们决定送她进教室。当我们走到楼梯尽头时，小维就停下来说："好了，就送到这里吧。"

我们强忍着泪水。我们为她的独立感到激动。这不正是我们想要的吗？这不是我们孜孜以求的吗？可是，我们的小女孩，我们刚6岁的孩子，拒绝了我们。这不是提前了5年吗？我们还没有为此做好准备。

这就是养育孩子的目的：我们要把孩子们养育成不需要我们的人。如果我们的养育工作做得好，我们的孩子会拒绝我们，不是因为他们不想要我们或不喜欢我们，而是因为他们拥有了独立性和能力。养育孩子就像放风筝；我们一点点放线，好让他们飞得更高。有时，我们需要把线稍微收一收。关键是要弄清楚你为什么收线。是为了你自己舒服，还是担心她在越来越强的风中会受到伤害？只有你能判断。你的判断也不一定都正确。但再说一次，没有人永远正确。在任何情况下，我们都会根据已有的信息做出尽可能好的决策。但身为父母，我们的职责仍旧是日复一日、年复一年地放松对女儿的控制，让她们展翅高飞。

爸爸怎么做

当你犯了错误，那就让你的女儿看到它。

你可能已经明白：你是你女儿心中的英雄。这使得你成为教给她这个道理的完美人选：犯错误并不可怕，它是学习和掌握技能这个过程的一部分。让我们面对现实：如果你时不时会搞砸，那么任何人都可能会搞砸。

可以通过跟你的女儿谈谈那些你仍在努力学习和发展但尚未掌握的技能——并告诉她你打算如何做得更好，来帮助她拥抱失败。这可以是任何事情，比如烘焙、网球反手击球。告诉她你曾经把某件事搞得一团糟的那些时候。跟她讲讲你能想到的最尴尬的例子，并用她这个年龄能理解的语言讲述那些难堪的细节。你女儿会学到，即使你弄得一团糟，天也没有塌下来，而且虽然你可能会感到遗憾，但你仍然活了下来并讲述这个故事，还能再次尝试。用你自己的经历告诉她，犯错误不仅没关系，而且是自然的、正常的、不可避免的。提醒她，她永远不应该因为恐惧失败而停下前进的脚步。

本章要点

- 你不能通过溢美之词来给你的女儿自尊。她的自尊需要从内心深处生长。是她的行动让她感受到独立和能干，而不是你的言辞。
- 通向掌握技能的道路是由挫折、错误和不适铺就的。与其保护你的女儿免于失败,不如帮助她学会有价值地失败。
- 表扬,既可能赋予你的女儿力量,也可能使她受到损害。为了培养你女儿的技能和独立性,要确保你的表扬是真实的。你如果说谎,她是能够听出来的。要表扬她的努力、坚持和做她觉得困难的事情的勇气。
- 作为父母,我们有一份既甜蜜又痛苦的工作,那就是最终让自己变得可有可无。
- 要想养育一个独立、能干的喜欢她自己的女孩,你只能为她做她自己做不到的事情。

第6章

喜欢自己的女孩拥有稳固的友谊

10年前，加拿大小学教师达娜·克福德（Dana Kerford）开始注意到她的学生们出现了一件怪事。有些日子里，她数学课堂上的孩子们像一群好奇的小海绵，可以充分吸收她讲的内容。而在另一些日子里，他们却像筛子一样，几乎无法记住课堂上的任何内容。克福德开始寻找一个模式来解释她的学生在学习意愿和能力上的差异。她很快发现，影响她的学生在某一天能否学到东西的最重要的因素之一，与她作为一个老师的教学方案或教学能力毫无关系。真正起作用的，似乎是学生们课间在教室外面发生的事情。当她的学生觉得自己没有朋友、被一群同学孤立，或者在处理与他人的冲突、被人嘲笑或霸凌遇到困难时，他们就会变得如此专注于社交生活中发生的这些事情并感到不堪重负，以至于他们无法学习。克福德意识到，如果她想让她的学生掌握分数或几何，她就必须首先教他们如何与别人相处。这一领悟使她踏上了一段旅程，教给孩子们社会技能，以便增强与同龄人的关系，以有效的方式处理冲突并减少与朋友关系中的问题。

克福德后来了解到，她并不是唯一注意到学习成绩与社会技能之间的关联的人。"在一次教育会议上,我请老师们举手,看看他们是否注意到学生的学习或者健康会受到与朋友之间所存在的问题的负面影响。每位老师都举起了手。"她说道。教育部门、学校和父母花费大量时间、金钱和精力来开发、测量并无休止地评估教孩子阅读、写作和计算的最佳方法。然而,在提升学习成绩方面,我们能给女孩们的最大优势之一,是教她们如何做一个益友。

社会能力强所带来的好处不仅限于课堂内。那些拥有建立在信任和相互尊重基础上的牢固友谊的孩子,在遇到新情形时会更加自在,更少焦虑;他们会非常自信,能清晰地表达自己的愿望,并且不大可能受到他人的影响。那些掌握了良好社会技能的孩子长大后更可能成为成功的成年人,而且积极的人际关系是抵御抑郁、焦虑以及其他心理健康障碍和孤独感的首要保护因素。尤其是孤独感,它被称为"社会癌症",而且与癌症同样致命。

在本章里,我们将详细介绍一些你可以用来帮助你的女儿增进友谊和社会技能的方法,以便她能够与他人建立更有意义的连接。正如你将看到的,同龄人之间牢固的友谊只是一个喜欢自己的女孩所拥有的一种人际关系。本章还包括围绕你的女儿建立一个良好的"支持团队"的重要性,这样就可以滋养、启发和引导她,并保护她的安全。此外,我们还将介绍一些有助于增进你与你的女儿之间的关系的好方法。

我们真的需要教给孩子社会技能吗?

我们不教孩子社会技能的一个原因是,人们往往想当然地认为这些技能会自然而然地形成。就好像孩子如同你手机上自动更新的软件一样，能自动"获得"社会技能的更新。但是，孩子以及他们长大后成为的成年人会自动掌握社会技能的想法并不正确。

你不相信？只需看看你周围的同事，或者圣诞节时家里的那些亲戚，很明显不是每个人都能在童年自然而然地学会这些技能。有些人能够毫不费力地让别人感到很舒适并建立连接，而另一些人似乎总是一次次地毁掉友情。我们大多数人都处于这两个极端之间。我们与某些人在某些情形中相处得很好，而在另一些情形却似乎无法建立连接。

正如儿童和家庭心理健康专家克莱尔·奥兰治（Claire Orange）所说：

社会技能和任何其他技能一样。我们不会给孩子一本书，并期望他们知道哪一面是封面哪一面是封底，知道如何破译书里的文字。我们会慢慢地开始，一步步地培养这些技能。然而，当涉及社会技能时，我们却期望把孩子丢在其他孩子中间，他就能学会这些技能。很少有孩子不需要培养社会技能，就像任何其他技能一样。

也许你的女儿是那些能够自己发展出优秀社会技能的幸运儿之一。但是，为什么要冒这个险呢？为什么不帮助她学习那些现在和其整个一生中发展并保持牢固的人际关系所需的工具呢？

眼睛很重要

说到培养你女儿的社会技能，一个很好的起点是眼睛。

具体来说，是眼神接触。眼神接触对于我们如何彼此相处是必不可少的。正如每位杂志编辑和营销专家都知道的那样，那些表现出模特眼睛的图片卖得更好。我们的大脑是如此喜欢看到面孔，以至于即使在没有面孔的地方，我们也能找到它们。云朵、足球和月亮只是尽管不可能但有人声称在其中看到了面孔的几种事物。

有些孩子通过模仿身边的大人学会了眼神接触，但有些孩子可能需要有人来为他们详细说明。你的女儿可能需要被明确告知，她在遇到人以及与人交谈时，应该保持眼神接触。你可以通过经常提醒她看着跟她打招呼的人，以及在交谈过程与对方保持眼神接触，来提供帮助。在咖啡馆和餐馆点餐、在商店或诊室里与人交谈，都是她培养这种习惯的绝佳途径。如果你们在咖啡馆里，当她点餐时，你可以提示她看着服务员，并且在点的食物送来时，要看着对方说谢谢。要提示当她在医生办公室回答问题或问问题时看着医生。

就像教给孩子大多数技能一样，她可能需要大约九百亿次提醒，才能养成习惯。

尽管让你的女儿保持眼神接触可能说起来容易做起来难，特别是如果她天生害羞的话，不过，不要因此就放松要求。尽管听起来有点刺耳，但几年后，这个世界是不会在意你的女儿是否害羞的。如果她不保持眼神接触，她就可能会被视为粗鲁、冷漠或不友好，而这会让她更难交到朋友、影响他人、被人倾听，甚至找到工作。

而且，冒着被人说是在模仿《人性的弱点》的风险，还有一些其他基本技能可能是你必须要明确教给你的女儿的，这些技能对于建立和维护友谊非常有帮助：微笑、发出友好而自信的声音，以及称呼别人的名字。在开车去生日聚会和其他社交场合的路上，我们会问两个女儿是否记得她们朋友的父母和其他家庭成员的名字。我们让她们重复每个名字来帮助她们记住，然后提示她们在打招呼、告别和感谢对方的邀请时说出这些名字。同样，在去看医生的路上，我们会提醒两个女儿记住医生的名字，并鼓励她们用名字称呼医生。

交谈的艺术

回想一下那次晚宴，你不幸坐在了一个缺乏社会技能的"闷葫芦"旁边。一整晚过去了，他没问过任何一个关于你的问题，也没有问过关于其他人或其他事情的问题。你回家时可能已经筋疲力尽，因为你一整晚都在费尽心机地自己填补那些尴尬的沉默。你很可能根本不想再见到那个人，更别提与他们建立友谊了。也许那个人只是一个特别自我的"闷葫芦"。更宽容一点说，他可能从未学过交谈的规则。

交谈是一种游戏。就像任何其他游戏一样，交谈在参与者分享想法并轮流发言时效果最好。一个人问另一个人一个问题，然后倾听他的回答。接着轮到另一个人问一个问题并且听对方的回答。教育专家艾伦·门德勒（Allen Mendler）博士建议通过使用谈话棒来教孩子们如何在交谈中轮流发言。拿着谈话棒的孩子说话，其他孩子则倾听。当拿着谈话棒的孩子问了一个问题后，他将把谈话棒递给另一个孩子来回答。新的持棒者回答这个问题后，再问一个问题，然后将棒传递给下一个回答者。或者说，你可以通过玩接力传球或来回传递玩偶的方式，给孩子们提供同样的交谈提示物。当你的女儿拿着球或玩偶时，她就说话；没拿着时，她就倾听。

然而，一个重要的问题是，有时候孩子们（和一些成年人）会将他们的发言机会用来只谈论自己。他们没有想到要问问题。他们也可能不擅长倾听。在交谈的过程中等待时机来继续谈论自己，是"杀死"交谈的一种方式。

在社交互动中，提问是一种超级能力。一个简单的问题就可以打破僵局，填补尴尬的沉默，并让对方感受到你认为他很有趣并且很重要。

提问是一种技能，可以在操场、会议室和各种社交场合帮助你的女儿。我们通过给两个女儿示范向别人提问，并向她们解释问别人一个问题是一种善举，来鼓励她们向别人提问。提问是告诉别人他们很重要的一种方式。

让你的女儿说话

在关于教给你的女儿成为一个善于提问和倾听的人的建议中，我们需要加入一个重要的说明。我们并不是在主张养育一个乖顺的听众，一个感觉不到自己的力量、不具有发表自己看法的能力或不会谈论自己的女孩。在社交场合，许多女性经常扮演听众的角色，一边听别人唱独角戏一边不时礼貌地发出感叹。我们最不希望的是助长新一代成长为擅长以牺牲自我表达和连接的需求来让他人感到舒适的讨好者。为了平衡，我们除了教给女儿向别人提问之外，还经常鼓励两个女儿向我们和其他人表达她们的想法和观点。例如，如果谈话转向了两个女儿熟悉的电影、书籍或地点，我们会说："小维看过这部电影。小维，跟我们说说你对这部电影的想法。"或者，"我们在那里度过假。小艾，跟他们说说你喜欢那里的什么怎么样？"

做朋友不等于做相同的人

保持眼神接触和提问是社交互动的基础。但是，发展和维持友谊需要的当然更多。通常，找到一个共同的兴趣爱好是一个女孩结交新朋友的起点。孩子们之间典型的建立友谊的对话可能是这样的：

女孩1：你打篮球吗？
女孩2：是的，我打篮球。
女孩1：我在××队打球。你在哪个队？

虽然找到一个共同的兴趣爱好是交朋友的一个良好开端，但女孩们往往认为自己必须分享一切才能保持朋友关系。男孩们似乎可以在不同的兴趣爱好之间随意切换。而女孩们却常常认为，要想跟某个人成为朋友，她们就必须喜欢同样的活动、拥有同样的时尚品味、梳同样的发型，等等。你可能必须明确地告诉你的女儿，即使兴趣爱好不一致，她和她的玩伴也可以成为朋友。保证是这样的，绝无例外。

在实际中，你或许可以这样说：

- 如果你的朋友不想扎三条小辫子（第三条显然像是独角兽的角），也没关系。你们仍然可以做朋友。
- 如果你喜欢和莎拉玩，而你的朋友不喜欢，也没关系。不是所有人都能相处得很好。你可以有时候和莎拉玩，有时候和别的朋友玩。
- 你认为狗比猫好，而你的朋友不这么认为，这没关系。你们不必在所有事情上的看法都一致才能成为朋友。

同样，女孩子会错误地认为一旦她们交到了一个朋友，她们就应该始终在一起做每件事情。她们可能会担心，如果不在每次玩耍时间都和朋友一起玩，或者不在每次加餐时间都坐在朋友旁边，那么友谊就会结束。

在达娜·克福德的友谊工作坊，她教给孩子们，有时候，不同的朋友适合不同的情形。例如，一个朋友可能很适合在课堂上合作，但在午餐时间玩耍时可能不是最佳人选，因为你的女儿喜欢玩攀爬架，而她的朋友更青睐去图书馆。在午餐时间，你的女儿可能会与她喜欢的另一个朋友一起玩攀爬架，但这个女孩在课堂上可能不是一个好的合作伙伴，因为她的注意力太分散。你可能需要向你的女儿解释，这没关系；她可以同时和这两个孩子做朋友，并且不会背叛其中的任何一个。

你可能还需要明确地告诉你的女儿，朋友并不一定时时刻刻都要在一起玩。有时候，你的女儿可能喜欢独自玩耍或者玩别的游戏，这也没关系。你可以帮助她通过练习怎么说来处理这种棘手的情形。例如，"我现在想自己玩"，或者"我正在画画，过一会儿再跟你玩"。给她提供该跟朋友怎么说的一些参照可能很有用，会有助于她化解那些她觉得有压力或很困难的社交情形。同样，你可能需要帮助你的女儿理解，如果她的朋友在某个时候不想和她一起玩，并不意味着友谊的终结，也不是世界末日。

友谊是一种选择

我们以前给两个女儿的一个建议是，她们应该和每个人都做朋友。但现在我们不太确定这是否是一个好建议。我们的

"和每个人做朋友"的想法出自良好的初衷。我们不希望两个女儿故意残忍地对待或伤害别人。但是,坦率地说,我们是把友谊当成了一个数量的比赛:越多越好。

克福德说,鼓励孩子和每个人都做朋友是一个坏主意。"如果父母告诉孩子们要和每个人做朋友,他们就是在给出危险的建议,因为并不是每个人都对我们有益。"她说,"有些人能激发出我们最好的一面,而有些人却会激发出我们最坏的一面,孩子们不应该和对他们没有益处的人做朋友。"

克福德向父母们保证,如果他们的孩子没有一大群朋友,他们也无需担心。"一个好朋友远比一群不健康的朋友要好得多。"她说。

渴望与所有人做朋友可能会让孩子们陷入试图"融入"而不是寻找"归属感"的境地。这两者并不相同。正如社会科学家、作家布琳·布朗在《脆弱的力量》一书中所说:"融入指的是为了被接受而对一种情形进行评估,并按照需要改变自己。另一方面,归属感不要求我们改变自己;它需要我们做自己。"

"融入"是改变你自己,以便更符合外部环境对你的要求。但是,尽管听起来有违直觉,为了找到"归属感",你必须准备好不"融入"。

布琳·布朗说:"那些拥有最深刻的真正归属感的男性和女性,是那些有勇气在需要时特立独行的人。他们愿意保持自己的完整性,并承担被孤立的风险,以捍卫他们所信仰的东西。"

用孩子的话说就是:只把你的友谊给那些喜欢你本身并且你也喜欢他们本身的人。

如果你不相信,那就想想试图和所有人都做朋友会给日后的生活带来什么后果。"这个建议在恋爱关系中意味着什么?"克福德问道,"我们不希望孩子们这时候才第一次了解选择的重要性。我们想给孩子们传达的信息是要做出明智的选择。友谊的特别之处在于，它是我们自己选择的人际关系。"

这并不是说，我们应该把女儿养育成反社会和故意排斥他人的人。我们仍然可以鼓励我们的女儿善待和尊重他人，而不必告诉她们必须与所有人成为朋友。我们只需将成年人的交友规则运用到小孩子身上即可。作为成年人，我们并不期望与所有人都成为朋友。虽然我们努力对所有熟人和同事保持礼貌和尊重——反正大多数人在大多数时候都是这样——但我们并不觉得有必要与他们每个人都分享我们的秘密，或者邀请他们每个人都参加我们的生日派对。不要专注于朋友的数量，我们应该教给我们的孩子知道朋友质量的重要性。

什么样的朋友是益友？

有时候，孩子们很难看出健康的友谊和有害的友谊之间的区别。见鬼的是，有时候，这对成年人来说也很难。在缺乏其他信息的情况下，孩子们的做法和我们大多数人一样：在不确定的情况下，他们会观察别人的行为来推断应该怎么做。通常，这意味着别人怎么说、怎么做，我们也怎么说、怎么做。对于交朋友来说，这可能意味着想当然地认为受欢迎的孩子是益友。毕竟，受欢迎的孩子之所以受欢迎，肯定是有原因的。

当然，事情并不总是这样。受欢迎的孩子可能很棒。但是，女孩们有时会发现，与受欢迎的孩子在一起，她们无法真正做自己。或者，她们会发现自己无论如何都不受欢迎。心理学家、社会技能专家奥黛丽·蒙克（Audrey Monke）认为，试图融入受欢迎的孩子中，可能会导致不平等和让人不满意的友谊，往往只有试图融入的孩子才珍惜这种友谊。

"与其鼓励孩子们继续强迫自己融入并不真心欢迎他们的友谊或团体，不如帮助他们发现自己真正的'圈子'在哪里。这个'圈子'可能并不大。事实上，那可能只有一两个志趣相投的孩子。"蒙克说。

这对认为受欢迎似乎就是一切的孩子们来说，可能是很难理解的。下面这张有利于孩子理解的清单，可以作为你与女儿交谈的一个好起点：

一个益友：

- 是有趣的
- 大多数时候，让我感到快乐并对自己感觉良好
- 对我很善良
- 尊重我
- 值得信赖
- 能保守我的秘密
- 懂得轮流玩，而且很公平
- 倾听我说的话，关心我的感受
- 会维护我的利益
- 喜欢我本来的样子

这份清单是女孩从她们的同龄人群体中识别出真正朋友的一个好方法。我们还发现，它能帮助我们的女儿认识到谁不再是她们的益友。

随着女孩们渐渐长大并进入社交媒体的世界，认识到自己需要高质量的朋友将变得越来越重要。如果她们不够小心，就可能会花费大量时间和精力积累成千上万的"粉丝"和"朋

友"，但在现实生活中依然无法在家人之外找到一个值得信任并真正珍视她们本来样子的人。

我不再是你的朋友了！

如果你曾经和一群孩子相处过一段时间，你很可能会听到他们说"我不再是你的朋友了！"说这种话的孩子还没有认识到，真正的友谊不会被一次分歧或冲突拆散。如果你们的友谊遇到一个错误或分歧就解体，那么你还能剩下多少朋友？这就是告诉你的女儿她不必始终与朋友相处融洽是个好主意的原因。有时候，朋友会让她生气，她有时候也会让朋友生气。这都没关系。重要的是在她或她的朋友生气之后所发生的事情。帮助你的女儿解决友谊之路上的磕磕绊绊是一项重要的技能，对她的一生都大有裨益。

我们都是在这样的家庭中长大的：除非另一个孩子打断了我们的骨头或让我们流血，否则我们就会被告知忽略他们的不良行为。但是，现在回想起来，这种处理方法会让孩子感到无能为力。它告诉他们，别人可以对他们不好，而他们应该忍受。

与其告诉你的女儿远离或无视对她不好的人，不如教给她一些技巧，让她以一种有成效的方式处理不良行为。克福德将这种方法称为"快速回击"法。其基本思想是，当有人故意做出不好的事情或说不好的话时，你的女儿需要能够立即以果断、明确而又礼貌的方式做出回应。

快速回击的一些例子包括：

- 这样做不可以。

- 这太刻薄了。
- 我不喜欢这样。
- 请你停止！
- 别闹了。

怎么说很重要。为了有效果，你女儿的快速回击必须说得很有威严。为了增强效果，儿童和青少年情绪与行为健康专家、《愿你被世界温柔以待》一书的作者西涅·惠特森建议说出对方的名字，以便你的女儿能表达出她无所畏惧且处于平等地位。快速回击最重要的是要果断、不指责、不煽动情绪。你不会希望你的女儿用同样的不良行为来回应不良行为。借用米歇尔·奥巴马（Michelle Obama）的名言，当另一个孩子言行不体面时，你的女儿可以用快速回击来展现她的体面。说完之后，你的女儿应该走开，以免冲突升级。

我们大多数人都是在晚了10分钟后，或者第二天洗澡时才想到最好的回击方式。你的女儿也不例外。所以，快速回击的关键在于预演。要和你的女儿一起练习——说什么和怎么说——这样在关键时刻她就能做好准备。我们已经和两个女儿进行了快速回击的角色扮演，这样她们就会习惯于大声、自信地说出这些话，而且在需要的时候就能脱口而出。这种角色扮演不需要很复杂。当你的女儿告诉你有关不良行为的事件时，要让她想想她当时说了什么，她本可以说什么，以及她将来在类似情况下可能会说什么。

这听起来很简单，但一个时机恰当、表达方式得体的快速回击可以从根本上杜绝不良行为。它能让对方孩子知道，你的女儿不会容忍他们做的事情，而且还能减少将来再次发生的机会。研究表明，与其他孩子相比，那些使用快速回击技能的孩子被捉弄的次数更少、程度更轻。

解决冲突的魔法公式

女孩往往从小就被教育要不惜一切代价避免冲突。当有人不同意她们的观点或伤害她们的感情时,女孩们就会被告知要么假装没有发生过,要么尽量轻描淡写或怀疑自己的反应。如果这么做不管用,她们就会在背后说对方的坏话,来让自己感觉好受些。虽然息事宁人可能会让生活更平静,但这意味着这些女孩永远不会发展出解决与朋友或其他人之间冲突的技能。幽灵社交[①]现象,即突然且不加解释地结束一段友谊,表明女性是多么厌恶冲突。当你没有处理摩擦的能力时,与朋友甚至是相交多年的朋友彻底断绝关系,往往比谈论你与她之间的问题并试图加以解决所带来的痛苦要轻得多。

但是,一旦我们知道如何去做,处理冲突就是非常简单直接的。达娜·克福德教给我们解决任何冲突的几个小词:"当……,我感觉……"。

好吧,好吧,在"当"和"我感觉"之后还要加上几个词。但是,这个公式是开始解决任何冲突的基础。你的女儿可以平静地解释那位朋友做了什么让她不高兴的事,以及这件事给她带来的感受。比如,"当你因为我带着玩具参加夏令营就说我是个婴儿时,我感到很伤心",或者"当你总是自己占住国王的位置,不让别人轮流占时,这让游戏变得不公平,我不喜欢这样玩"。

下一步是让你的女儿停下来,听听她的朋友会说些什么。最好的结果是,这些话打开了一个以富有成效的方式讨论冲突

[①] Ghosting,幽灵社交,又被称为幽灵式社交、鬼影社交,是缘起于社交网络的一个词,一般指在没有任何解释的情况下切断所有联系。——译者注

的空间。当然，这只是理想状态。事情可能不会如此进行。你女儿的朋友在处理朋友之间问题上的经验可能也很有限，甚至毫无经验。如果你女儿的朋友闭口不谈或大发雷霆，你的女儿也可以简单地回答："我能看出来你现在还没准备好谈论这个问题。等你准备好了，请告诉我。"

你女儿的朋友可能再也不来找你女儿谈这件事。涉及冲突时，没有人能保证有圆满的结局。但是，至少你女儿尝试过化解误会，修复友谊。她这样做不仅尊重了自己，因为她没有容忍伤害自己的行为，也尊重了友谊，因为她试图解决冲突，而不是任其发展。无论结果如何，只是知道自己已经尝试去解决问题，也会让人感觉很有力量。

这个技能对于非常小的女孩来说显然过于复杂。有些人可能认为，这种做法甚至对于年龄较大的女孩来说也过于复杂。但是，我们已经看到了它的实际效果：那些在克福德的工作坊里进行过角色扮演，在家里和父母一起练习过的女孩，成功地把它运用到了校园生活当中。小维在7岁时就学会了这些解决冲突的技巧，并用它们来解决与朋友之间的争端。现在，她甚至用来对付我们！

我们应该介入孩子们与朋友的冲突吗？

有时候，你会觉得自己像联合国的谈判专家。你可能会忍不住想安排与其他孩子的父母进行和谈，或者你可能会被要求代表你的孩子去协商一些条款和禁区。我们的建议是抵制住这样做的冲动，或者，如果你是被游说的一方，要坚决拒绝。这样做不会有什么好结果。给其他父母打电话或冲到学校要求干预往往弊大于利。

如果你的女儿认为，你会违背她的意愿把事情揽到你自己身上，她可能就不会再向你倾诉了。即使她希望你为她出头，这样做也可能会让她觉得自己无能为力。每当我们插手解决女儿的问题，我们实际上就是在告诉她，她没有能力自己解决。同时，我们还剥夺了她锻炼社会技能和培养适应力的机会。与其在女儿的人际关系中充当首席谈判代表，不如给她支持和指导。

这个过程的第一步，就是倾听。

尽管倾听看起来很简单，但它经常被忽视。跟成年人一样，你的女儿谈论她遇到的问题时，她希望感受到被倾听、认可和理解。我们需要提醒自己，在我们看来微不足道的事情，在女儿眼中却可能是大事。

第二步是问她："你维护自己的权利了吗？"这会向你的女儿表明，你希望她直面冲突和不良行为，而不是对其视而不见或逃避。如果她没有维护自己的权利，那么这就是与她谈论——甚至角色扮演——我们之前说过的"快速回击"和解决冲突的步骤的一个好机会（见第166~167页）。

问一些问题来帮助你女儿搞清楚她是否需要采取进一步行动来处理这种情形，以及将来如何更好地处理，也是有益的。例如，"你认为你的朋友是故意这么坏，还是这只是个意外？"或"你认为你的朋友明白你不喜欢她的做法，还是你需要向她解释一下？"或者"后来发生了什么？"或者"你认为下次见到她时你会说什么？"然后，像所有好教练一样，退后一步，在场边加油，并告诉你的女儿："你能行。"

遭到霸凌怎么办？

所有这些建议对于普通的冲突都很有用。但是，对于霸凌行为，你可能需要不同的方法。有时候，霸凌问题会过于重大而且过于严重，以至于女孩自己无法处理。

我们需要弄清楚，什么是霸凌，什么不是。霸凌是一个经常被误用的词。这个词可能被随意地用在一些情形或行为上，虽然这些情形和行为并不可取，但它们并不是霸凌。一个孩子不想在午餐时间和你女儿一起玩耍，这不是霸凌。一个孩子拿走你女儿的铅笔，这不是霸凌。一个孩子在走廊上不小心撞到你的女儿，这不是霸凌。这些都不是令人愉快的事情，但都不是霸凌，而且很可能是一些你女儿在你的支持和鼓励下可以学着自己处理的情形。

霸凌是指一个孩子故意而且反复寻求伤害、恐吓或胁迫你的女儿。如果你的女儿已经尝试了"快速回击"和解决冲突的方法，但一个孩子仍在故意伤害她，那么大人就该介入了。确保孩子们感到安全和支持是我们的责任。在学校、幼儿园或儿童看护机构这样的环境中，这意味着要与校方或者园方的领导团队沟通，制定一个你和你的女儿都能接受的方案。在社交场合，这可能意味着不要再去找某些朋友玩，以免让你的女儿处于危险之中。

这可能意味着为你的女儿培养更广泛的朋友网络。西涅·惠特森说，父母所能采取的最大限度减少霸凌影响的最简单也最有力的保护措施之一，就是寻找机会让孩子们在校外建立积极的同龄人关系。可以通过课外活动、运动队、亲朋好友来建立。重要的是，这些友谊存在于学校或幼儿园的动态环境之外，这样，如果你的女儿在任何时候感到被排斥，她就不会感到没有朋友。她会拥有一个实实在在的支持网络，让她感觉自己被认可。你可能需要在学校和幼儿园之外刻意地鼓励和培养这些友谊，但这种投资将会带来回报，因为它能确保你的女儿不会感到完全被排斥和孤独。

如果你的孩子霸凌别人怎么办？

多年来，我们听到过无数关于孩子被别人霸凌的故事。但是，父母们告诉我们夫妻中的任何一位他们的孩子霸凌别人的次数一只手就能数得过来。我们的一个朋友被她女儿的老师告知，她的女儿霸凌别的孩子，这个消息让她大为震惊。她感到耻辱、沮丧和无助。

虽然我们大多数人都不愿意去想这件事，但我们的一些孩子就是会霸凌其他孩子。

如果你的女儿没有被邀请参加生日派对或玩伴聚会，或者她对朋友表现出专横和霸道的行为，或者她几乎没有真正的朋友，这都是你女儿可能在霸凌其他孩子的警示信号。达娜·克福德说："其他信号包括你的孩子过度自信，摆出或者装出一副自以为是的样子，或者在遭受挫折时进行关系攻击[①]或人身攻击。"克福德说，遏制这种行为的最好办法是让其他孩子自己来处理，也就是让他们站出来对抗霸凌者，不容忍他们的不良行为。不过，父母和老师也需要跟进事态的结果。

强迫一个孩子简单地道歉是不够的，因为寻求关注的孩

[①] 关系攻击，relational aggression，最早由心理学家妮基·R. 克里克（Nicki R Crick）提出，指的是通过故意破坏或操纵关系的方式伤害对方。——译者注

子反而会觉得这是种奖励。所以，重要的是父母要选择一种后果，一种能阻止他们的女儿再次做出这种行为的后果。虽然与该行为相匹配的即时且合乎逻辑的后果是必须要有的，但是，不被邀请参加生日派对或玩伴聚会也是不友善行为的自然后果。尽管有时令人心碎，但帮助你的孩子认识到她们的行为会造成后果，对于改变不良行为模式至关重要。

父母还需要解决引起不良行为的根本原因。任何女孩都不可能一觉醒来就立志成为一个霸凌者。更有可能的情况是，在一系列经历中发生了一些事情，导致她选择了不恰当的行为。

克福德说："情绪反应剧烈的孩子需要引导和支持来找到能让自己冷静下来的方法。对于父母来说，关键是要认识到孩子什么时候开始感到愤怒，就像气球什么时候被吹起来，我们的目标是通过给孩子提供非常实用的、循序渐进的方法来帮助他们克服情绪，从而防止气球爆裂。"

增强你女儿的共情能力也是有帮助的。共情是一种技能，她可以通过练习学会与人共情。"有些孩子需要很长时间才能在认知方面看到自己以外的事物。你可以通过让孩子将自己的行为与该行为对他人产生的影响联系起来，来帮助你的孩子。"克福德说，"问他们：'当你说莎莉是个婴儿时，你觉得她会怎么想？如果有人说你是婴儿呢？这会让你有什么感觉？'"这样可以帮助她们增强共情能力。

你或许很想对你女儿的霸凌行为视而不见，并且干脆拒绝相信她会故意刻薄地对待别人。但是，一昧否认并不能帮助建立一个喜欢自己的女孩所需要的牢固而有意义的友谊。如果你愿意承认你女儿的霸凌行为，你就可以采取措施来解决这个问题，并通过教给她交朋友所需的情感和社会技能来帮助她改变这种行为。

增强与可以信任的成年人的关系

在你女儿小时候,你很可能是她的倾诉对象。你们的话将是她最愿意听也最信任的。但是,这一情形并不会持续太久。随着女儿逐渐长大并且发现自己的身份认同,她自然而然地就想叛逆,想要与我们分离。事实上,有时候,我们的建议是她们最不愿意接受的。还有些时候,她们会觉得即使想向我们倾诉,也无法倾诉。十几岁的女孩经常会说,她们觉得父母太忙或太爱评判,无法真正倾听她们。

展望未来,当我们的女儿经历这些不想(或觉得不能)向我们倾诉的时期时——无论出于什么原因——我们都希望她们能向一个可以信任的成年人倾诉。我们说的是一个比她们更明智、更年长的人,一个认同我们的价值观,并以我们的女儿的最大利益为重的人。我们希望这个人能够倾听、支持她们并给出好的建议。一个可以信任的成年人还会是一个积极的榜样,一个你的女儿可以寻求启发和指导的榜样。

在过去的几代人里,这个人可能是(外)祖母、姑(姨)母,或者教母(根据文化和宗教信仰)之类的人物。但是,现在,许多人远离自己的原生家庭,或者自己的家庭结构复杂,或者价值观不同,因此这种传统的安排也许已经不可能、不切实际或者不再是理想之选。你可能需要刻意培养人际关系,以填补以前由(外)祖母/姑(姨)母/教母担任的角色。

仔细考虑一下你生活中的成年人,看看他们中谁会成为你女儿可以信任的好朋友。要确保选择那些长期陪伴在你们身边的人。可以信任的成年人必须稳定而且持续地存在于你的女儿的生活中。除了(外)祖母、姑(姨)母,或者教母,她们还可以是教练、邻居或好友。

你肯定不想把如此重要的人际关系留给运气,所以,要正式确定下来。问问这些人是否愿意在你女儿的生活中扮演这一角色。向她们解释,你希望她们在你女儿成长为成年女性的过程中提供支持和引导,让她们知道,成为一个可以信任的成年人是一种荣誉,也是一份责任。为了最大限度地增加你女儿在遇到危机时向可以信任的成年人求助的机会,要确保你女儿尽早与她们建立亲情心理联结。在我们看来,与可以信任的成年人之间的关系有点像保险单。如果我们在女儿小的时候(在这种关系并非绝对必要的时候)花时间培养这种连接,那么她们长大后就更有可能向这个人求助。

在一个很多女孩把社交媒体作为成功女性和理想女性模板的世界上,对正面榜样的需求从未如此强烈。养育类图书作家玛吉·登特对自己担任的一个可以信任的成年人的角色非常认真,她说:"年轻女性不可能成为她没有见过的人,所以,姑(姨)母们可以拓展她的视野,而不是让她依赖博主和名人。"

可以信任的成年人与保密

可以信任的成年人所扮演的最重要的角色之一,就是成为你女儿可以完全放心地与之交谈的人。这意味着,无论你选择谁,如果你的女儿要求她们保密,她们就必须做到。是的,包括对你的保密。事实上,这意味着特别要对你保密。

让我们来解释一下。孩子对父母保密有各种原因。有时,他们是害怕自己会惹上麻烦。在这种情况下,你女儿向可以信任的成年人倾诉的最大障碍之一就是害怕对方会告诉你。在其他情况下,更令人担忧的是,施虐者(无论是在互联网上还是现实生活中）的一个常用伎俩就是恐吓孩子，让他们对父母隐瞒发生的事情。各种形式的虐待——性虐待、情感虐待和心理虐待——往往会持续数年，因为施虐者告诉孩子他们不能告诉父母。

我们亲眼见过孩子们有多么容易被吓得对父母守口如瓶。小维参加四年级夏令营时，她的朋友们分享了一个关于互联网现象级人物莫莫（Momo）的恐怖故事。莫莫是一个长相邪恶、有着扭曲的鸟类特征的漫画人物，据说她拥有超自然的力量，可以附身甚至杀死孩子。根据小维同学的讲述，莫莫有催眠能力，能躲在孩子的柜子里，让他们做坏事；如果孩子把莫莫的事情告诉父母，这个怪物就会杀死他们的父母。

需要说明的是，参加小维学校夏令营的大多数孩子都没看过有关莫莫的视频。莫莫在互联网上的影响力被夸大了。但对这些孩子来说，这些都不重要。光是听到这些故事就足以让他们感到害怕。小维班上的一些孩子从夏令营回来后变得心神不宁，但他们拒绝告诉父母这背后的原因，因为他们真心相信，如果他们告诉父母，莫莫会杀死他们的父母。

虽然莫莫并没有给这些孩子带来真正的危险，但看到这些八九岁的孩子竟然如此轻易地被人操纵，对父母保守秘密，仍然让人十分吃惊。我们确信，其他父母也曾像我们一样，无数次告诉自己的孩子什么事都可以和父母谈。但在关键时刻，所有这些安慰的话都毫无意义。他们在第一关就失败了。

小维最终还是告诉了我们关于莫莫的故事。我们对她表示了感谢，并称赞她敢于对我们吐露实情。我们随后趁此机会提醒她，任何时候她都可以向她可以信任的成年人倾诉，只要她要求对方向我们保密，对方就不会告诉我们。

你要确保你的女儿知道，如果她遇到麻烦，并且觉得不能告诉你，她就可以找她信任的成年人倾诉，而这个可以信任的成年人只有在得到你女儿的允许后才会把情况告诉你。在我们家，如果情况严重，这位可以信任的成年人会鼓励我们的女儿把实情告诉我们。但是，如果她还是不想让我们知道，我们的朋友就会承诺保密。我们的女儿明白这一点。可以信任的成年人也知道这一点，并同意这样做。

我们当然很想知道实情。一想到我们的女儿（无论是哪一个）正在与很严重的问题作斗争，而我们却毫不知情，我们就恐惧得无以言表。然而，比我们不知道更糟糕的，是我们的女儿无法从拥有正确价值观的成年人那里获得她需要的帮助和支持。

虽然我们并不奢望这么做无懈可击，但这是我们保护女儿的另一种方式。我们希望，这样的安排能让她们敢于向可以信任的成年人倾诉，而不是觉得自己需要独自处理一个大问题。至少，它能为我们的女儿提供一个当生活或父母变得过于沉重时可以求助的人选。

增强你与女儿的关系

对彩票中奖者的研究发现了一个相当一致的模式。在经历了最初的幸福感飙升之后，他们很快就会恢复到暴富之前惯有的情绪状态中。拥有更多物质——物质财富——似乎对我们的长期幸福并不能产生多大影响。研究已经清楚地表明什么才是有效的。正如神经科学家萨拉·麦凯博士在她的佳作《女性大脑之书》中所介绍的那样，有很多很多的研究表明，人与人之间的连接、爱和亲情才能增强你女儿的幸福感，无论是对现在还是对她的一生来说都如此。这也适用于你与你女儿之间的关系。给她更多物质只会让她一时兴奋。她渴望的是一种连接——一种与你之间深刻且有意义的连接。

你很忙，对吗？我们明白。在漫长的一天结束时，我们都很疲惫，并且很容易掉进这样一个陷阱：我们与女儿最多的互动就是告诉她们要刷牙、把鞋子放好或停止吵嘴。但是，我们的女儿需要感觉到与与我们的连接，就像她们需要呼吸一样。

好消息是，有一种方法可以增强你与女儿之间的亲情心理联结，即使在你时间不多疲惫不堪的时候。事实证明，在发展和维持一个稳固而幸福的关系方面，你们如何庆祝好消息是最重要的。加利福尼亚大学心理学教授谢利·盖博（Shelly Gable）发现，对于你们的关系而言，你们如何庆祝也许比你们如何吵架或处理冲突更重要。关键是要在正确（快乐）的时间以正确的方式问正确的问题。

下面是具体的方法。当你的女儿告诉你一个好消息或取得了某个成就时，你要停下手中正在做的事情，微笑着给她一个拥抱，然后问她一个相关的问题。

好了，就是这些。它真的就这么简单。

盖博等社会科学家给它取了一个华丽的名字。它被称为"积极而建设性的"回应。积极而建设性的回应有三大要素：真实、热情和提供支持。它们与"消极而建设性的"回应形成了鲜明对比，比如，你一边目不转睛地盯着手机或电视，一边说"太棒了。干得好"之类的话。

还有一些破坏性的回应方式。例如，当得知你的女儿被选为班长时，一种"积极而破坏性的"回应可能是："这听起来责任重大。你确定你能胜任吗？你对你的朋友们颐指气使的时候，他们会怎么看你？"最后，"消极而破坏性的"回应是这样的，你一边盯着你的手机或电脑屏幕，一边说："我现在很忙。不是所有事情都围着你转。"

只需5分钟，甚至更短的时间，你就能给你的女儿一个积极而建设性的回应。放下手机或停止切胡萝卜，看着你女儿的眼睛，问她几个问题来表示你对她的喜讯很感兴趣，并且很兴奋。你将在你与女儿的关系中赢得一些信任。

爸爸怎么做

请一天年假，参加女儿的学校、幼儿园或儿童看护机构的远足活动，或者当父母助手。如果校方或者园方没有这样的安排，可以问问你女儿的老师，你是否可以来给全班同学读故事或帮助开展其他活动。

2018年发表在《婚姻与家庭杂志》（*Journal of Marriage and Family*）上的一项研究发现，与父亲花时间参加诸如体育类的结构化活动和诸如游戏之类的非结构化活动的孩子相比，那些父亲花时间参与教育类活动的孩子在认知方面能获得更大的益处。最重要的是，无论你自己的学习成绩如何，这一点都适用。

请一天假参与你女儿的教育，其好处远远不只体现在学业上。只需短短的一天年假，你就能见到你女儿的所有朋友，亲眼目睹她是如何与他们交往的。如果你发现她需要帮助来培养社会技能，你就可以提供帮助。认识你女儿的朋友（并记住他们的名字）可以为你提供一个与她谈论交朋友的话题的机会。如果她将来就她跟某个朋友之间的事情向你寻求建议，你会立即知道她说的是谁。

此外，与你的女儿一起度过这一天还能让你与她的老师进行一对一的交流。这样做也能让你的女儿知道，你对她的生活和她看重的事情充满了兴趣。

本章要点

- 拥有牢固而有意义的人际关系的女孩身心更健康，幸福感更强，在学校里表现更好，拥有更强的适应力和自信心，而且将来在职业发展上也会更成功。
- 社会技能和交友技巧不会自然而然地形成。你的女儿可能需要一些关于如何进行眼神接触、如何交谈、如何选择高质量的朋友以及如何有效地处理冲突的具体指导。好消息是，这些技能和其他技能一样，是可以被教授和练习的。
- 尽早花时间为你的女儿建立支持团队。选择一些与你有相同价值观的可以信任的成年人，让她们成为你女儿现在和将来可以信赖的成年人。现在就培养这些关系，以便你的女儿长大后有希望向她信任的成年人之一寻求建议，而不是向同龄人、名人或社交媒体寻求建议。
- 你的女儿渴望与你建立深刻而有意义的连接。投入少回报大的建立连接的方法包括：心无旁骛地庆祝她的成功，并对她的成功表现出兴趣；每年请一天年假去担任课堂助手——见见她的老师，认识她的朋友，并且让你的女儿知道她是最重要的。

第7章

喜欢自己的女孩是真实的自己

石头式养育与种子式养育

每隔一周,媒体似乎就会奉上一种新的养育方式。有虎爸虎妈①、直升机父母②、扫雪机父母③、割草机父母④,还有乘骑式割草机父母。实际上,最后一种是我们编造的,但你应该能明白我们的意思。冒着让已经十分冗长的养育方式清单变得更长的风险,请允许我们再提出两种养育方式:石头式养育和种子式养育。

石头式养育和种子式养育与父母如何看待养育孩子的任务有关。采取石头式养育的父母将他们的孩子看作一块珍贵的大

---

① 虎爸虎妈,指采用威胁、利诱等高压手段要求孩子按父母为其选择的道路努力的父母。最早出自《虎妈战歌》。——译者注

② 直升机父母,指过度保护、干预儿女生活的父母。最早出自海姆·G.吉诺特博士的《孩子,把你的手给我(Ⅱ)》。——译者注

③ 扫雪机父母,指一些富有的父母像扫雪机,轰隆隆地扫除孩子通往成功路上的所有障碍,让孩子不必遭受失败、挫折。——译者注

④ 割草机父母,指帮孩子扫清一切障碍的父母。——译者注

理石。在这种方法中，父母是雕刻家，雕刻并塑造孩子，产出一个杰作。采用石头式养育的父母相信，虽然孩子拥有某些品质，但父母应该决定孩子未来的样子和发展方向。有些父母可能希望雕刻出一个"缩小版的我"的女儿；有些父母则可能希望创造一个与自己完全相反的女孩。不管哪一种，都是父母在挥动雕刻的凿子。

相反，采用种子式养育的父母把孩子视作——你肯定猜到了——需要培育和成长的种子。这些父母把自己的职责看作是为种子提供尽可能好的环境，以便其发芽和绽放：他们提供肥沃的土壤、养分和可供依靠的棚架，但是，他们会让小树苗按照自己的节奏和方式成长。虽然父母提供的环境能够影响生长的过程和结果，但是，由孩子最终决定他们的样子和成长的方向。

不论石头式养育还是种子式养育，父母的出发点都是爱，以及都想给自己的女儿最好的。不同之处在于，采用石头式养育的父母认为，女儿最终会成为什么样的人由外部影响决定，例如，父母、（外）祖父母、学校或教练、社会期待或传统——或是这些因素的某种组合。相反，采取种子式养育的父母将成长看作是自然而内在的过程。他们相信他们的女儿能够按照本该有的节奏和方式成长。

我们大多数父母可能会结合这两种方式。或者，在一些情况下倾向于石头式养育，而在另一些情况下倾向于种子式养育。但是，我们或许有一种主导的养育方式，或者说，更加倾向于某一种。

我们一开始采取的是石头式养育，却并不自知。我们阅读了大量关于发育里程碑的书籍和小册子，并认真研究了各种图表，把小维的发育状况与平均水平进行对比。我们当时认为，"好"父母的职责就是尽力促使孩子快快成长。我们迷上了一个观念,那就是,养育孩子如同一场比赛,而我们不想让女儿落在后面。自然,我们想给她最好的,并想当然地认为我们的养育方式是正确的。

然而,随着时间的推移,随着我们成为更自信的父母,我们意识到,小维本身就是独一无二且极好的孩子。如果我们强迫她成为我们期待中的样子,我们就会否定她发现她真实、真正的自我的机会。此后,我们了解到,一个喜欢自己的女孩必须被允许长成她选择成为的那个人最好的样子,而不是成为别人为她选择的样子,无论本意多么良好。因此,我们现在努力克制自己的石头式养育倾向。我们尽力放下手里的凿子,拿起喷水壶。

在本章,我们将探讨如何让我们的女儿发现、培养并喜欢她们真实的自我。我们将审视你可以用来养育女儿的方式,以便她终身都茁壮成长。

让她的优势绽放

"她的优势是什么?"小维三年级的老师问我们。

我们挤在教室里的塑料小椅子里,空气中留有淡淡的校园午餐的味道。这是一场十分钟家长会,让父母可以在孩子不在场的情况下与孩子的老师交谈,讨论下一学年的任何相关问题。我们想讨论每一件事,从数学课和英语课,从交朋友到任何情绪或行为问题,却没想到老师会问起小维的优势。事实上,在我们八年的养育经历中,这是我们第一次被问到这个问题。我们深感意外,不得不停下来想一想。

结果证明,我们并不是唯一对老师的问题毫无准备的父母。一些朋友后来告诉我们，他们当时大脑一片空白。即使有老师提示和尴尬的沉默，他们也想不出孩子的一个优势。

《优势教养》一书作者、心理学教授莉·沃特斯（Lea Waters）说，父母难以想出孩子的优势是普遍现象。她开办了优势养育工作坊，向父母们解释关注孩子的优势而非总是纠正他们的弱点的益处。她发现，在她的工作坊中，父母们想出的孩子的优势通常只有几个。别忘了，这些父母是报名缴费参加优势养育工作坊的，他们与家长会上的那些父母不同，大概已经思考过孩子的优势可能在哪里。然而，他们还是常常被这个问题难倒。这并不是说他们的孩子没有优势。他们的孩子绝对有优势。这只是因为我们这些父母往往看不到孩子的优势。

为什么许多父母可以轻易地列出自己女儿的短处、弱点和问题，却难以说出几件她做的好的事情呢？

原因之一可能在于我们自己小时候被养育的方式。过去，一种常见的养育方式是"纠正式养育"。父母们将自己的主要职责看作是修正孩子的短处。他们努力敲打并"纠正"孩子身上那些他们认为会阻碍孩子日后成功的问题。

另一个原因是，我们太专注于寻找孩子落于人后的迹象，以至于忽视了去注意他们擅长什么。"从基本的生物层面来说，即便我们爱我们的孩子，但我们的大脑天生就会在注意到做得对的事情之前，先避免出错。"沃特斯教授说，"这意味着，我们更容易注意到我们的孩子在学校里感到吃力的科目，而非他们擅长的科目。或者，我们可能会因为他们没礼貌而训斥他们，却从来注意不到他们彬彬有礼的时候，更不用说为此而表扬他们了。"

但是，如果父母们太忙于关注女儿的错误，并把精力用于"改正"她的缺点——按照他们的标准来塑造她——他们就不会有时间和精力去注意并培养她独特的天赋和才能。正如我们在第1章中提到过的纱窗游戏一样，如果父母把大部分时间都用在关注女儿缺点的"纱窗"上，他们可能就会看不到纱窗后面的美丽与神奇。

这种做法会影响你的女儿对她自己的认识和感觉。如果你过多地关注她的错误，她在成长过程中就会总是感觉自己不够好。她可能会开始以自己做不到的事情来定义自己，而不是以自己能做到的事情。如果你的女儿觉得自己总是失败，她就不大可能喜欢自己。

"我们错误地相信，让我们的孩子乐观并有承受力的方法就是消除他们所有的弱点。"沃特斯教授说，"但是，基于优势的科学研究表明，事实恰恰相反。它告诉我们，要把大部分注意力用于发展孩子的优势，而非消除他们的弱点。"

你女儿的优势

虽然我们不了解你和你的女儿，但我们可以非常肯定地说，你的女儿一定有她自己的优势。事实上，她可能有很多优势。只是她的很多优势可能隐藏在你的眼皮底下。花费50余年研究青少年发展的心理学家彼得·本森（Peter Benson）博士说，每个孩子都有让他们发自内心地感到兴奋并有益于这个世界的天生的才能和兴趣。他把它们称为"火花"。你女儿的火花是那些让她心情愉悦的追求，是她真正喜欢的那些自身的特质。她的火花是她天生就擅长的事情，无需你唠叨或督促就会去做，并且让她充满活力，满心欢喜。

本森博士的研究表明，找到并培养这种火花会给女孩指明方向。当你的女儿根据她的优势而努力时,她就能触摸到真实的自己——她到底是谁,而非外部世界认为的她应该成为的样子。毫不奇怪,这会带来一系列其他好处。鼓励孩子发挥优势会让他们在学校更加快乐并且更投入,会提高他们的生活满意度和自尊,会取得更好的学习成绩,并会增强自信和适应力。通过发现并培养你的女儿的优势,你就会增强她的信心并帮助她发挥出潜能,而无需唠叨、逼迫和敲打。

采用种子式养育的父母的职责,是帮助女儿发现她的优势并悉心培养,让它们在适当的季节绽放。

找到她的优势

如果你不确定女儿的优势是什么,就问问她。她喜欢做什么?什么事情能让她兴奋?什么事情她一说起来就滔滔不绝没完没了?如果她无法找出或明确地说出自己的优势,那就观察她,她的优势可能会显露出来。要留意你的女儿天生擅长的事情,以及她无需催促或施压就会去做的事情,还有让她充满活力的事情。

莉·沃特斯教授提醒父母们,不要混淆技能和优势。想想对弹钢琴毫无乐趣的孩子:从3岁起就被迫每天练习钢琴的女孩。她或许演奏技能纯熟,但演奏并没有让她感到兴奋或快乐。如果父母允许,或者如果她不认为下一次音乐考试考不好就等于失败,她明天就会放弃弹钢琴。

如果你仍然难以确认女儿的优势,可以查看我们在附录中整理的品质清单(见第209页)。我们确信,如果你从头到尾读一遍,你就会发现许多适用于你的女儿的优势。

培养她的优势

一旦我们找到了女儿的优势,下一步就是培养和强化它们。这可以简单到,只要你看到女儿运用其优势,你就要认可它。"如果你的孩子正在分享玩具,你就可以感谢他们这样做,并且说你如何看到了他们运用一项优势。"沃特斯教授说。例如,你可以这样说:"谢谢你和妹妹分享,你真的很友好(或公平)。"如果你的儿子缺乏动力复习备考,你就可以提醒他:"现在是时候发挥你的毅力了。"

关注女儿优势的额外好处是,这会让你作为父母的工作轻松一点——更不用说更有趣了。在成为尽可能最好的父母、养育尽可能最好的女孩的持续压力之下,你很容易只关注你认为自己做得不好的那些方面。但是,当你专注于女儿的优势,并看到自己所养育的那个美丽而独特的个体时,你会意识到,其实你已经做得很好了。

这不就是平庸的借口吗?

虽然关注女儿的优势听起来很好,但实际效果如何呢?这是否意味着,你只是戴着玫瑰色的眼镜看待女儿,只看其积极的方面,而忽视她感到困难甚至已经落后的重要方面?例如,如果你的女儿在阅读方面有困难,你真的还有闲情逸致去关注她的积极面吗?

"这与忽视孩子无法阅读的事实无关,"沃特斯教授说,"而是在孩子需要帮助的地方提供帮助,但也要从更加宽广的视野来看待孩子的某个不足。"听上去可能违反直觉,但关注女儿的优势能帮助她更好地设法解决自己可能欠缺的那些方面。"当一个孩子不以自己的不足来定义自己时,他就能对自己说:'好吧,我知道我的阅读不好,我正在得到额外的帮助,但我篮球打得好(或者我很有创造力,或者我很容易就能搞清楚电脑)。'"如果你的女儿将自己看作是永远的失败者,设法解决不足可能会让她崩溃。而如果你已经帮助她认识到并培养她天生的、积极的所有特点,那么她在努力学习自己欠缺的技能时,就会更坚定并且更坚强。

表扬不能抵消批评

要花更多的时间注意并谈论女儿做得对的事情,而非做错的事情。心理学教授苏尼娅·卢瑟尔(Suniya Luthar)说,父母们常常错误地认为,他们对孩子的批评可以用表扬孩子取得的成就和给孩子很多爱来抵消。事实并非如此。从影响和持久性来看,每一次批评都会胜过表扬。"表扬并不能抵消批评。"卢瑟尔教授说,"心理学家们已经明确确认,与表扬的话语相比,贬低的话语或态度的影响要大得多,至少大三倍。"

当你被批评的时候,你的感觉如何?不太好,是吗?批评能激励你吗?能让你感到被爱、被重视、被鼓舞吗?如果你像我们大多数人一样,那么答案就是否定的。作为成年人,我们通常能在受到批评时转身走开,因为我们更有能力正确地看待事情。而孩子们无法在受到父母批评后这么做。当然,我们需要指导和纠正我们的孩子,但这样做时不用把孩子批评得体无完肤。我们要做棚架,而非凿子。回想我们在第1章里介绍过的卡片法,卡片上的人所说的话是你的女儿可以信任和看重的。你的名字很可能就在那张卡片上。你的话对她有巨大的影响。

"好女孩"综合征

对优势讨论了这么多,我们需要强调说明一点。虽然你的女儿的优势很可能需要培养和发展,但它们已经存在于她的身体里了。它们是她真正的自我的一部分。它们不一定是你或其他人认为她应该拥有的东西。

女孩很久以来就因甜美、乖巧、顺从、漂亮、乐于助人和自我牺牲等品质而受到赞扬。虽然其中一些品质或许是你女儿的天生优势(能让她充满活力并给她带来快乐),但培养女孩的这些品质对他人有益,而不是对她有益。这就是培养女孩的优势与操纵她成为"好女孩"之间的区别。

"做一个'好女孩'有什么不好呢?"你可能会奇怪。简单的答案就是:每件事都不好。一个"好女孩"与一个做自己的女孩完全背道而驰。

在你因为费解或生气而把这本书扔到房间的另一头之前,我们先来做一个小调查。

1. 当你遇到某人时,你是不是首先想:"对方会喜欢我吗?"而不是:"我会喜欢对方吗?"
2. 如果你不同意某人的观点,你是不是担心那个人不再喜欢你?
3. 你是否宁愿为示好而撒谎,也不愿说实话而去冒被人讨厌的风险?
4. 如果有人问:"要来一杯茶吗?"你是不是发现自己会说:"哦,不了。那好,好吧,如果你喝的话。"
5. 如果有人提议替你接你的女儿放学,你是否会说类似这样的话:"哦,不用了,我能去,我不想麻烦你。你看！雨开始变小了。"
6.如果有人把最后一块蛋糕留给你，你会不会拒绝，并且让对方把它留给别人？

如果你对其中几个问题的回答是肯定的，你很可能就患上了"好女孩"综合征。如果你发现你对以上大多数问题的回答都极为肯定，你很可能就是"好女孩"综合征的典型患者。

"好女孩"是不折不扣的讨好者，她觉得不论自己受到怎样的对待，她都必须是无私的、要帮助他人，并且与每个人友好相处。她是个不折不扣的好人，强迫自己一言不发，也不会冒险让别人不舒服。她在难过时微笑，在生气时大笑，并且会暗示而不是说出自己想要什么。她不会因为自己而给任何人带来麻烦。换一种说法，"好女孩"是在告诉这个世界："我不值得。你的时间（或食物、零钱）一定有比用在我身上更好的用处。"

做一个"好女孩"与做一个好人其实无关。事实上，做一个"好女孩"与"好"完全无关，而是听话和顺从，以及努力去达到别人设想的一些不切实际的理想状态。"好女孩"综合征把女孩硬塞进甜蜜而阳光的紧身衣里，她们必须忽视自己的需要，压抑自己的感受。她们为别人而活，遵守令人窒息的期待，把别人的需要放在自己的需要之上。一言以蔽之，"好女孩"不是她们自己。

养育"好女孩"是石头式养育的一种极端形式，因为她的真实自我被打磨掉了，被隐藏了，留下的只是甜美、亲切和蔼。"好女孩"不被允许——并且她们也不允许自己——感到嫉妒或愤怒。她们不被允许挑剔或以自我为中心。虽然我们希望情况相反，但所有这些特点就是人类的状态。希望养育一个永远都不应

喜欢自己的女孩是真实的自己

该让别人生气的女孩,就是在让她觉得自己永远都不够好。偶尔与他人意见相左,让他人失望,是的,还有与他人发生冲突,这些都是使我们成为一个全面发展的人的一部分。

总是努力维持"好女孩"的形象,对于一个女孩的个性是腐蚀性的。当女孩们最终体验到那些"不可接受"的情绪(这是不可避免的,因为这就是那种让人讨厌的"人性"),她们往往会感到羞耻和自我嫌恶,并以此来攻击自己。

正如《女孩,你已足够好》一书的作者蕾切尔·西蒙斯(Rachel Simmons)说的那样:"成为'好女孩'的压力会沉重打击女孩的情商……当女孩无法识别、表达和接纳自己的各种感受时,她们就会失去与自己及其重要关系人的至关重要的连接。"西蒙斯说,那些渴望达到"好女孩"的过高标准的女孩对自己极为苛刻。她们犯一个小错误就可能会心烦意乱,而且很容易把别人说的任何话理解为针对自己的。

成为"好女孩"的压力是披着羊皮的狼,正在从内部啃噬着我们的女儿。任何人都不可能一直取悦所有人,不管她生性多么可爱。由于人们期待"好女孩"在与人交往中选择和谐而非冲突,她们未能得到解决和表达的挫败感就会在内心逐步累积,直到最终爆发,通常表现为各种自我毁灭行为。《可怕的青少年》(*The Terrible Teens*)一书的作者凯特·菲格斯(Kate Figes)说:"从心理问题、暴饮暴食、进食障碍和校园霸凌发生率的急剧上升中,青春期女孩的痛苦清晰可见。女孩们现在被期待做到一切——美、瘦、好、成功、快乐、善良、有爱心、自立;换句话说,就是要完美。"

如果好女孩和她们日后成为的"好女人"做不到优先考虑自己的需要,后果就绝不仅仅是小问题(例如,谢绝对方为自己沏茶),其影响也要深远得多。友谊、恋爱和职业发展,都会受到影响。正如西蒙斯所指出的："'好女孩'的诅咒给女孩们设置了一个心理上的玻璃屋顶，它对女性的消极影响从少女时期开始直至终生，时刻阻碍那些她们成为一名坚强女性所必须具备的技能和习惯的发展。"

这不只是成年女性的一些离奇行为。从学步期开始，女孩们就会因为做出"好女孩"的举动而得到奖励，并因偏离"好女孩"的脚本而受到惩罚。我们有许多词语来给那些真实地表达自己并说出自己想法的女孩贴标签。"霸道""固执""自私""难相处""凶巴巴""刻薄"以及更糟糕的词都会用于那些不小心说出自己观点的女孩

不要误解我们的意思。我们反对养育"好女孩"，并不是要让她们成为没有教养的人，或者为她们的不良行为开脱。我们也不是在说，父母不该有规则和标准。这些是绝对需要的。我们完全认同父母应当有明确的界限，也应当对孩子抱有很高的期望。我们只是在倡导，要允许女孩成长为全面发展的人，而不是为别人而活的空心人。我们的目标不应该是养育"好女孩"，而应该是养育"真实的女孩"。

如何培养"真实的女孩"

说出来可能会得到，只暗示肯定得不到

在第1章，我们说过鼓励女孩说出自己想要什么而非暗示的重要性，因为暗示会让她们很被动，并妨碍她们掌控自己的生活。女孩和成年女性不愿或无法说她们想要的东西也是"好女

孩"综合征的一个主要症状。"好女孩"不觉得自己有权优先考虑自己的需要和欲望，而是抛出暗示，希望别人能猜到，而如果别人猜不到，她们就完全得不到自己想要的。

很多成年女性都难以说出自己想要什么。例如，我们有一些朋友会在她们的生日到来前把想要的礼物的宣传页放在家里，如果她们的"暗示"没有被注意到，她们就会不可避免地失望。我们有一些单身的朋友，她们从来不主动与男性约会，因为她们害怕自己被认为"太直白"，全然不管这已经是21世纪。还有一位从事营销工作的朋友告诉我们，她建立了一个由一些30多岁的女性组成的焦点小组①，想要了解这些女性的想法，找出她们的喜好。但即使在这里，这些女性也只能通过她们的孩子或伴侣来表达自身的喜好。她们不说自己喜欢什么，而是会回答"我儿子会喜欢这个"或"我丈夫会喜欢那个"。

这些女性都在上演"好女孩"剧本：她们无法表达自己的想法，也无法清楚地说出自己想要什么，因为害怕被看作自私或不像女性。对西方文化中的女性来说，要求自己想要的是一种需要培养的技能。你可以通过坚持让你的女儿说出自己想要的，来帮助她培养这一技能。这意味着她要明确说出自己想要什么并拥有它。我们会告诉两个女儿："如果你们不说出你们的要求，你们就得不到。"

要像教给女孩说"不"那样，教给女孩说"是／好"

我们都知道教给女孩说"不"的重要性。对同龄人压力说"不"，对不想要的性挑逗说"不"，对意欲支配、物化或利

---

① 研究者用来推断总体的有代表性的小规模样本。——译者注

用自己的人说"不"。但是,教给女孩说"是"是否重要呢?"好女孩"往往难以说"是",因为她们不想强加于人,或给别人带来麻烦。但是,如果女孩没有很好地练习说"是",她们就会在一生中错过数不清的机会。

在与我们的邻居交流后,我们意识到,我们必须明确地教给两个女儿知道"说'是'没关系!"否则,她们永远都学不会。小维6岁时,她在攒钱准备买一本书。有一天,我们的邻居想给小维一些硬币,让她放进存钱罐里。我们的邻居知道小维在攒钱,她通过这种方式来鼓励小维阅读。然而,小维没有接受这些硬币,而是说:"哦,不用了。"

之后,我们问小维是否真的想要那些硬币。当然,她想要!她没有理由不想要那些硬币。当我们问她为什么不把硬币接过来的时候,她耸了耸肩,说她不知道。

然而,我们是知道的。她通过观察我们家里的所有女性学到了这一点。当任何人提出给她们任何东西时——不管多么大、多么小,必要还是无关紧要——她们的第一反应都是拒绝。"好女孩"从很小的时候开始就被教导不要贪婪或自私,不要给任何人造成麻烦或不便。做一个"索取者"而非"给予者"是非常不像淑女的。特别是对于金钱和食物而言,能够说"不"的女孩和成年女性会得到奖赏。

这种不愿接受帮助、礼物、赞美、认可或者几乎任何东西的做法可能会对女性的经济状况和生活质量造成严重后果。这或许意味着溺水和被救上岸之间的区别。

你的女儿在生活中会遇到许多暗示她不那么重要、不那么值得尊敬的人,只因为她的性别。形成对说"是"的厌恶只会强化这一信念,并让她在日后错过更多机会。

我们告诉小维,无礼是指不体谅他人,或故意伤害他人。

优先考虑自己的需要和愿望并不是无礼。如果有人提出给她她喜欢的东西，那么她只需要看着对方的眼睛说："好的。"

再次见到邻居时，她又问小维是否需要一些硬币放在她的存钱罐里。这一次，小维说："是的！"并攥着满满一把5澳分和10澳分的硬币——希望还有一种自我价值感——喜不自胜地离开了。从那以后，我们就开始有意识地鼓励两个女儿说"是"。

充分利用发脾气的机会

一个"好女孩"会觉得她必须始终是快乐和甜美的。她不被允许生气、嫉妒、沮丧或争强好胜。但是，既然这些都是人类天生的情感，你的女儿不可避免地会体验到这些，甚至更多的情绪。如果一个女孩在成长过程中相信这些正常的情绪是不对的，是必须压抑的，她就很可能会在每次体验到这些情绪时感到羞耻和不自在。这会使她很难喜欢上自己。不要试图阻止（因为会不可避免地失败）你的女儿体验这些痛苦却很真实的情感，而要允许她们去感受，以便她们能得到大量机会来学会如何对待这些情绪。我们发现，发脾气是很好的锻炼机会。

在我们还是新手父母的时候，医生、产妇保健护士、教师和其他父母等许多"专家"都建议我们，当孩子发脾气时，最好的处理办法是转移孩子的注意力。例如，如果我们的女儿因为玩具坏了而大哭大闹，我们就应该拿另一个玩具在她面前晃来晃去，希望她能忘记所有的烦恼，把注意力转移到新玩具上。如果别的孩子或其他事情惹她不高兴，那么我们就应该唱首歌、跳个舞，或者用膝盖颠着她，让她的注意力从负面感受转移到不那么痛苦的新奇事情上。

看着你的孩子遭受痛苦是很难受的，尤其是在你知道你可以做些事情来减轻其痛苦的时候。你会心如刀绞。分散注意力的做法会显得特别吸引人。有些时候，你会感觉孩子的情绪崩溃是对你的评判并让你尴尬，你只想赶紧让她闭上嘴巴。在这些情况下，转移注意力或许是对所有人都最好的方法。但是，总的来说，转移你的女儿的注意力意味着用长痛来换取短期利益，这么做对父母和孩子都没有好处。

转移注意力的做法是石头式养育的一个例子，因为你是在替孩子决定她应该有什么感受和不应该有什么感受。这么做还会剥夺你的女儿学习如何处理失望、愤怒和沮丧并化解自己情绪的机会。此外，转移注意力还是否认孩子的感受的一种方式。在《全脑教养法》一书中，丹尼尔·西格尔和蒂娜·佩恩·布赖森写道，分散注意力的做法可能会让孩子感到很困惑："他仍然充满强烈而可怕的情绪，但他不被允许以有效的方式处理这些情绪。"

更好的做法是允许你的女儿体验她的情绪，给予必要的同情，如果她愿意，你可以在她哭着宣泄情绪的时候抱着她。这样，你就能认可她的情绪以及她感受这些情绪的权利。想想你让自己的情绪顺其自然并大哭一场后是什么感受。你感觉自己好多了，对吗？处理负面情绪是一个过程：你感到痛苦，你表达痛苦（哭、打电话给朋友、去散步），然后，你化解痛苦，并感觉好起来。如果我们干预并分散女儿对自己的真实感受的注意力，我们就是在拒绝给予她完成这种情感过程并感受到随后的轻松的机会。我们也是在不经意地告诉她，这些感受是错的。于是，当她在以后体验到失望、愤怒或沮丧等情绪时，她就会觉自己错了并感到羞耻。

你可能会想，孩子还太小，无法处理这些负面情绪。但是，问问你自己，她到多大才能管理好自己的情绪呢？我们作为父母在什么时候才能剪断脐带呢？而且，当你剪断脐带时，如果她从来没有机会在你的支持下练习处理自己的情绪，她怎么能够自己处理呢？让女儿在我们能在身边帮助她并且风险很小的时候培养情绪处理能力不是更好吗？

注意时间和场合

如果以上这些听上去像嬉皮士养育法——奖励孩子的不良行为，允许她们成长为随心所欲地大喊大叫、只顾自己不管别人的人——那么，要知道，让孩子表达情绪并不是让她们主宰每个人的时间、关注和精力的许可证。你仍然可以坚持让你的女儿表达情绪，但这不能变成一种她得到每个人的关注的手段。这一点尤其适用于你的女儿长大些并且能更好地控制她自己的情绪的时候。正如女演员克里斯汀·贝尔（Kristen Bell）在她的孩子们哭闹时对他们所说的："你们可以生气，这没有问题。但是，你们不能在我们在客厅吃晚饭的时候生气和难过。你们可以上楼到你们的房间里去哭，但是，你们不能因为自己发脾气而毁掉别人的整个夜晚。"

同样重要的是，当你的女儿感觉好起来后，她可以重新加入你们，并且感受到自己是受欢迎的、被爱着的。当我们的两个女儿哭闹时，我们不会去分散她们的注意力，也不会对她们发火。首先，我们会根据情况的严重程度以及她们情绪的类型和强烈程度，对她们需要我们多少安慰做出尽可能准确的判断。例如，她们是真的失去了理智，还是在以此达到自己的目的？然后，我们会平静地告诉她们去自己的房间里发脾气，等她们感觉好起来的时候再回来。当她们回来时，我们会用灿烂的笑容和温暖的拥抱来迎接她们，让她们看到我们很高兴再次见到她们，并且很高兴她们让自己感觉好起来了。这种处理方式允许我们的女儿体验强烈情绪，在安全的环境中培养她们的情绪处理能力，并能让她们知道，不论她们有什么感受，也不论她们说了什么还是做了什么，她们永远都不会被嫌弃。

爱，不附带任何条件

当孩子的愤怒平息下来后，就有了一个原谅孩子的机会。就养育一个喜欢自己的女孩而言，这就是孩子发脾气的真正好处之所在。

你知道，"好女孩"相信她们必须符合别人对她们的期待才能得到爱。她们认为，如果不取悦父母／（外）祖父母／老师／朋友，她们就不会被爱。这或许是她们的一种不正确看法，但对女孩来说却是真实的。不管是对是错，她可能认为，如果自己不是一直甜言蜜语、唯唯诺诺、讨人喜欢，她就有可能失去那些对她来说最重要的人。

作为父母，我们需要真诚地问问自己，我们是否允许自己的女儿不做"好女孩"。在你们家里，不服从的惩罚有多重？当你的女儿让你失望时，你是否会收回你的爱？当她不听你的话时，你是否会对她不理不睬、羞辱或者冷落她？如果我们的女孩因为太害怕而不敢违抗我们，不敢让我们失望，她们又怎么会有勇气抵制同龄人压力、性要求的压力、同事和上司的不当行为，以及想要压榨她们的公司呢？由非营利性的情商教育机构"人生学校"(The School of Life)创作的《生命之书》(*The Book of Life*)里讲道:"好孩子的问题在于,他们没有体验过别人对他们的不良行为的包容。他们错失了健康儿童所拥有的一项重要特权:那就是能够表现出嫉妒、贪婪、极端利己的一面,却仍旧能够被包容和爱。"

养育一个做自己的女孩,意味着鼓励她优先考虑自己的需要和感受。我们必须帮助我们的女孩抛弃她们人生的职责就是确保其他人都高兴的想法。这可能包括她大哭大闹的时候,或者她的行为让我们失望或大怒的时候。在这些时候,她明确地知道我们仍然爱她并接纳她是极其重要的。我们需要教给她知道,即使在她以一种我们不喜欢的方式行事时,我们仍然爱她。她可以不听我们的话,让我们失望,让我们难堪,但我们对她的爱不会受到丝毫影响。她不必为了得到我们的爱而顺从我们,或者让我们为她感到骄傲。

儿童和家庭心理专家克莱尔·奥兰治(Claire Orange)说,从我们做父母的最早阶段开始,我们就需要把孩子的行为与孩子本身区别开来,并且始终向孩子保证我们无条件地爱他们。"当孩子的行为不可接受时,父母应该说:'我不喜欢你的行为,但是我爱你,我们来一起努力改进吧。'"奥兰治说。

当我们原谅女儿的不良行为时,我们是在向她表明,无论如何我们都爱她。正如一位很有智慧的朋友经常对她的儿子说的那样:"你不管做什么我都会原谅你。"这么做不仅打开了她与孩子的沟通渠道,还给了孩子无条件的爱这一积极的礼物。原谅有时是很难的,特别是在孩子让我们难堪、让我们沮丧或让我们伤心的时候。他们的言语和行为会深深地刺伤我们。但是,即使在我们最痛苦的时刻,记住我们是成年人,而他们还在学着了解自己并理解这个我们生活其中的复杂世界,也是值得的。

大声说出来

你听说过"没事"或"我很好"这样的话吗?这样的话往往是强颜欢笑的人说出来的。这种话和其他类似的话是"好女孩"的一种掩饰,她实际是在说:"你对我不好,但我不想让你生气,不想表现出不合适的行为,也不想满足我自己的需要,所以我就撒了个谎。"如果你在前面的"好女孩"综合征小测试里做出了许多肯定的回答,那么这种话可能就是你的口头禅。而且,这种话也很可能在啃噬着你的灵魂,因为总是把自己放在最后一位,会给你的身心带来严重的不良影响。然而,"好女孩"往往还是会继续在明显不好的时候说"我很好",因为她们不知道还能说什么。她们从未练习过当别人越过她们的界限时如何维护自己的利益。

我们教给了两个女儿在这种情形中做出回应的另一种方式。她们是在幼儿园里学会的,但我们在家里对其做了强化。这句话就是:"停下,我不喜欢这样。"她们的幼儿园老师很棒,教给我们的女儿,只要有人对她们做了让她们感到不舒服的事情,她们就要站得直直的(挺胸,抬头)并用她们"最大、最坚决的声音"说出这句话。很明显,每次说出这句话时,她们都会感到被赋予了力量。

当别的孩子试图夺走你女儿的玩具、打翻她的积木塔或把她推下秋千时,这句话就能派上用场。对于一个小女孩学会坚定自信而又不显得失礼或咄咄逼人来说,这是一句很完美的表达。这句简单的话会教给女孩们,她们有权利维护自己的利益,她们不必容忍不良行为,或在面对不良行为时转身走开。现在,小维已经长大了,她已经用新的、更符合其年龄的话取代了这句话。但是,她早已很好地学会了大声说出来。

分享

像大多数父母一样，我们也非常喜欢教两个女儿与他人分享，因为我们想让她们成为善良、体贴、有同情心的人。但是，我们不希望她们将来成为总是先考虑别人、后考虑自己的人。很多时候，这正是人们鼓励"好女孩"做的事情。在教给女孩分享时，我们需要特别小心，不要让她们认为自己需要放弃许多东西来取悦他人。我们允许两个女儿选择她们不想与任何人分享的东西，以此来做出这一区分。例如，她们永远不必和别人分享她们最喜欢的毛绒玩具。在我们的两个女儿还小的时候，如果其他孩子想玩她们最喜欢的玩具，我们就会介入并向其他孩子解释那个玩具很特别，不能拿来分享。现在，我们的女儿已经能自己说这样的话了。我们还告诉她们，不分享其他玩具也没关系，但是，她们需要不把那些玩具带到幼儿园或学校，并且在朋友们来家里玩之前把它们收起来。

当我们的一个女儿从生日聚会上带回一袋棒棒糖时，我们会告诉她是否希望分享给妹妹或姐姐由她自己决定。我们还会指出，如果她分享给妹妹或姐姐，那么妹妹或姐姐将来带回棒棒糖就更有可能分享给她。

养育你的孩子，而非你期望的那个

你或许支持养育一个做她自己的女孩的观点，但如果你的女儿与你期望的样子大相径庭，该怎么办？如果她的优势、兴趣和着迷的事情与你期望的方向完全不同，该怎么办？也许你一直是个有天赋的运动员，你希望你的女儿也能如此，但她却对运动毫无兴趣。也许你很喜欢看书,可你的女儿刚看了一会儿就开始烦躁不安,想去做别的事情。也许你擅长社交,朋友无数,而你的女儿却比较内向,更喜欢一个人待着。也许你想引导她将来学习数学和科学,因为那意味着好找工作并且工资高,可她感兴趣的却似乎是美术。又或者,你希望她完全不像你,而她似乎已经学到了你所有的习惯和性格特征。在这些情况下,你可能会想捡起凿子,努力把她雕凿成你心目中的样子,而不管她天生的优势或火花在哪里。

虽然我们不相信这是养育一个喜欢自己的女孩的最好办法,但父母们有这种感觉是绝对正常的。克莱尔·奥兰治说,对于许多父母而言,孩子不是他们期望的样子会让他们大失所望。深藏在一些父母心中并且不想向任何人承认的秘密是,在为人父母的快乐和喜悦之中,也有悲伤。"我们必须认识和预见到,养育是欢庆和悲伤参半的旅程。"奥兰治说,"在欢庆孩子一步步成长的同时,我们也会为孩子没有长成我们期望的样子而悲伤。"

如果你希望你的女儿长大后成为她自己——并且喜欢她自己——你就要对自己诚实。如果你遭受了悲伤的痛苦,你要知道你并不是唯一的一个,而且这也不意味着你是一个坏人或不合格的父母。重要的不是你感受到了这些情绪,而是你如何处理这些情绪。这事关认可你的真实感受,并继续前行。奥兰治说,如果父母无法靠自己克服悲伤和失望,他们就应该接受专业的帮助。这不仅会让他们作为父母的生活更加愉快,而且还会帮助他们无条件地接纳和爱自己的孩子。

如果你不处理好你的悲伤,你和你的孩子不仅会遇到坎坷,而且会遭受困难时期。我们有位朋友在一所女子学校教书。她告诉我们,每年到高年级学生选择大学课程的时候,许多女孩就会哭着来到她的办公室请求帮助。这些女孩的父母强迫她们选择父母认为对她们最好的大学课程，可她们却不想选。有个女孩被强迫学习法律，可她一直想做的是一名幼儿园教师。毫无疑问，法律职业的收入更高，社会地位也高于从事幼儿教育，但培养一个有成就感的教师肯定比培养一个痛苦的律师要好。

没有人确切地知道一个人的优势有多大比例是遗传来的，又有多大比例会受到环境的影响。一些专家说两者可能各占一半，另一些专家则认为遗传占70%，环境占30%，但他们一致同意，人的优势是两者的结合。我们的女孩不是粗糙的原石，可以由我们像极端的石头式养育所主张的那样随心所欲地雕凿。孩子的优势是天生和养育共同作用的结果。显然，如果我们作为父母能够按照孩子的天性养育她们的话，我们就更有可能养育出喜欢自己的女孩。我们的女儿想成为什么样的人、喜欢做什么、在这个世界上的目标是什么，都应该由她们自己来决定。我们的职责是帮助她们成为她们想成为的最好的样子。

爸爸怎么做

要和女儿一起做她喜欢的活动，而不只是你喜欢的事情。

麦当娜·金（Madonna King）在她的杰作《父与女》（*Fathers and Daughters*）一书中指出，爸爸们可能会和女儿一起划船，但少有爸爸们会陪女儿玩篮网球（netball）。有些爸爸只会在自己的兴趣碰巧与女儿一致时才会参与她的活动，或对其活动感兴趣。请记住：女儿的一项优势并不是你认为什么对她最好。它是你的女儿自己选择去做并且以之为乐的事情，而无需你或其他任何人的催促。如果你只参与女儿生活中你喜欢的那些部分，你就是在告诉她，当她真实地做自己时，她在你眼里就不是可爱而有趣的了。为了得到你的关注和喜爱，她就必须变得更像你，而不是像她自己。

你肯定不想让你的女儿在做真实的自己和为了赢得你的爱和关注而假意迎合之间做出选择。因为这会导致两种不好的结果：她要么以假面示人，要么转向他处寻求她渴望的赞同和接纳。

你要让你的女儿知道，你想花时间和她在一起是因为你爱她，而不是因为她喜欢的事情刚好你也喜欢。

本章要点

- 养育方式可分为两类：石头式养育和种子式养育。采取石头式养育的父母把他们的女儿看作一块珍贵的大理石，他们要把她雕凿成他们心目中的样子。与此不同的是，采取种子式养育的父母把女儿看作一粒充满潜力的种子，而他们的职责是为种子茁壮成长提供最好的环境。采取种子式养育的父母会帮助女儿成长，但他们从根本上相信他们的女儿会成长为最好的她自己。虽然这两种养育方式都出于爱，但为了让你的女儿喜欢她自己，她必须能够自己决定她想成为什么样的人，以及何时成为那样的人。

- 在养育子女的琐碎日常中，你可能会过于关注如何改正女儿的缺点，以至于忘记去注意并培养她的优势。一项优势是一种品质、行为或活动，是你的女儿天生擅长并主动选择去做，并能从中获得快乐与满足的事情。每个女孩都有属于自身的独特优势。与那些只关注自己短处的女孩相比，能认识到自己的优势并得到更多关注的女孩几乎在所有方面都表现得更好。

- 养育一个"好女孩"——一个总是很可爱、乐于助人和自我牺牲的女孩——或许能让眼前的生活轻松些，但这会慢慢地侵蚀她的自我价值。对于一个喜欢她自己的女孩来说，必须允许她做真实的自己，这意味着体验并表达各种情绪，能够自由表达并维护自己的权利，并且不认为她必须一直取悦每一个人才能得到爱。
- 你的女儿可能并不是你期待的样子。对于她并不总是能达到你的希望、梦想和期待，感到失望是自然而正常的。有这种感觉并不会让你成为坏人或坏父母。但是，为了你的女儿，你需要克服你的悲伤，这样才能更好地去爱和养育你所拥有的那个美丽、独特、令人惊叹的女儿。

结 语

真的有可能养育一个喜欢她自己的女孩吗？我们能让女儿免于那些女孩们常被灌输的自我厌恶和自我怀疑吗？

环顾世界，许多人会认为这不大可能。当然，机会并不站在我们这一边。有太多负面影响不在我们控制之内。但是，我们不会不战而降。

我们所拥有的力量是，我们能够控制自己对待女儿的方式。不论她们在外面经历了什么，我们都可以选择去做她们的避风港和灯塔，引导她们去发现她们生来就是的那个美好而独特的人。

在我们的影响和支持下，我们的女儿就能在成长的过程中知道，她们本来就足够好：我们爱她们本身，而非因为她们取得了什么成就，穿了什么或体重多少。我们可以给她们自由，去犯错误、探索不同的个性、表达她们的情感，做真实的自己。我们可以向她们保证，我们会永远支持她们。我们会爱她们，因为她们是她们。

把这些告诉你的女儿。反复地告诉她。而且最重要的是，要在生活里践行，持续地践行。

这比什么都重要。

附 录

把你的女儿的优势讲清楚并不是一件容易的事。虽然我们可以在女儿的日常生活中看到这些优势,但父母往往难以明确地说出来。这可能会让赞扬和培养这些优势变得很困难,并使我们回到关注女儿的弱项和缺点。以下是我们借鉴"优势画像"(Strengths Profile)、安杰拉·达克沃斯[①]的理论和"VIA优势量表"(VIA-IS)而改编的一个优势清单。

看看这份清单,并找出你的女儿所拥有的那些珍贵而独特的品质。

1. 鼓励和激励他人的能力
2. 适应能力
3. 从不同角度看问题
4. 欣赏美
5. 艺术表达
6. 真实
7. 重新振作起来
8. 勇敢
9. 谨慎
10. 同情

[①] 安杰拉·达克沃斯(Angela Duckworth),华裔,1970年出生于美国新泽西州。哈佛大学神经生物学学士、牛津大学理学硕士、宾夕法尼亚大学神经科学博士。2013年获得被视为"天才奖"的麦克阿瑟奖学金。——译者注

11. 竞争精神
12. 自信
13. 尽责
14. 勇气
15. 创造性
16. 好奇心
17. 可靠
18. 助人的愿望
19. 注重细节
20. 坚定
21. 有动力
22. 情绪觉察
23. 共情
24. 忍耐力
25. 解释能力
26. 坚持到底
27. 原谅
28. 良好的判断力
29. 感恩
30. 诚实
31. 希望
32. 仁慈
33. 谦虚
34. 幽默
35. 善良
36. 领导力
37. 倾听能力

38. 爱
39. 爱学习
40. 节制
41. 适度
42. 道德
43. 乐观
44. 坚持
45. 个人责任感
46. 洞察力
47. 说服
48. 计划与组织能力
49. 自尊
50. 深思熟虑
51. 冒险精神
52. 平等意识
53. 公平意识
54. 创新意识
55. 社会连接能力
56. 讲述能力
57. 恢复力
58. 解决问题能力
59. 自我觉察
60. 自我信念
61. 自我控制
62. 自我表达
63. 服务意识
64. 时间观念

65. 社交智能

66. 灵性

67. 坚持不懈

68. 战略意识

69. 团队协作能力

70. 愿景

71. 智慧

72. 职业道德

73. 热爱生活

致 谢

小维出生前,我们两人都未独自带过孩子。两个没经验的新手要承担养育一个女孩的巨大责任,这似乎有点可笑。在我们最需要的时候,是其他父母给了我们建议、支持和善意。虽然我们在写作本书时咨询了许多领域的专家,但我们是通过与其他父母沟通和观察他们如何做才确定了自己要成为什么样的父母的。我们希望我们能用本书来回馈我们的父母朋友们。

感谢我们的经纪人塞尔瓦·安东尼(Selwa Anthony)和琳达·安东尼(Linda Anthony),他们一直支持我们,帮我们渡过了一个个难关。

我们很高兴也很荣幸能在企鹅兰登书屋出版这本书。感谢我们的出版人苏菲·安布罗斯(Sophie Ambrose)。从一开始,以及这当中的每一步,我们都知道我们已经拥有了最好的条件。感谢我们的编辑费伊·赫尔分鲍姆(Fay Helfenbaum)、凯瑟琳·希尔(Catherine Hill)和梅利莎·莱恩(Melissa Lane),以及我们的校对人员贝克·鲍尔特(Beck Bauert),感谢你们的中肯建议。我们也感谢我们的营销人员贝拉·阿诺特-霍尔(Bella Arnott-Hoare),感谢你的热情、专业和洞察力。

我们非常幸运能获得朋友和家人的支持，他们不仅支持我们，还用极大的坦诚来关心我们。感谢瓦妮莎·奥尔福德（Vanessa Alford）、索尼娅·艾布尔斯（Sonja Ebbles）、简·爱德华兹（Jan Edwards）、凯特·爱德华兹（Kate Edwards）、迈克尔·爱德华兹（Michael Edwards）、凯特·霍尔（Kate Hall）、埃利斯·詹姆斯（Ellis James）、瑞贝卡·劳斯（Rebecca Lowth）、菲奥娜·麦卡希（Fiona McCahey）、卡罗琳·孟席斯（Carolyn Menzies）、艾莉森·奥肖内西（Alyson O'Shannessy）、乔·罗森博格（Jo Rosenberg）、弗兰克·斯坎伦（Frank Scanlon）、瓦莱丽·斯坎伦（Valerie Scanlon）、梅格·斯威尼（Meg Sweeney）、温蒂·图伊（Wendy Tuohy）和路易斯·怀特（Louise White）。

感谢我们亲爱的小维和小艾：孩子们在成长中往往会努力让父母满意。我们希望在未来的岁月里，当你们回顾自己的童年时，你们也会对我们感到满意。

《孩子的心理急救》

及时解决孩子的焦虑、恐惧和担忧等问题
避免造成长期而严重的后果

[英] 艾丽西亚·伊顿 著
美同 译
北京联合出版公司
定价：39.00 元

孩子可能会因为各种原因而遭受焦虑、恐惧、不安等心理困扰，他们可能害怕考试、拒绝上学、担心被霸凌、怕看病、怕打针、怕蛇、怕蜘蛛、怕坐飞机……甚至焦虑到睡不着觉！

这些问题如果得不到及时解决，可能会造成很多长期且严重的后果：情感发育迟滞，社交活动受阻，学业受到影响，甚至影响孩子成年之后……

英国心理治疗师艾丽西亚·伊顿自2004年起就在伦敦著名的哈利街开设心理诊所，专门帮助孩子们解决心理问题。

她把临床工作中经常使用的积极心理学、认知行为疗法、正念疗法、心理感觉疗法、催眠疗法和神经语言程序学等领域的治疗技术简化为父母们也能操作的技巧和练习，并通过真实案例展示她帮助孩子们摆脱焦虑、恐惧和不安的过程，以便父母和孩子们学习和掌握。

只要按照步骤操作，任何人都可以在第一时间帮助孩子缓解心理问题，让孩子更平静、更快乐、适应力更强，进而更轻松地应对日常生活中的压力。

另外，这些技巧和练习对成年人同样有效。

《解码青春期男孩》

务必与你的儿子进行的9大关键谈话
从9个角度全面更新你对青春期男孩的认知
教给你如何与青春期男孩谈谈他必须知道的那些事

[美] 卡拉·纳特森 著
美同 译
北京联合出版公司
定价：39.00 元

如今的男孩，9岁就开始进入青春期，20岁出头才结束！在这10多年的时间里，他们要经历变声、痤疮、梦遗、情绪化等身体和心理变化，还要面临很多让人棘手的新挑战：社交媒体、网络色情、形体焦虑、各种成瘾问题、暴力游戏……这是作为父母的你在这个年龄时从未经历过的……

如何帮助他安全、健康地度过危险、混乱、叛逆的青春期，避免他屈从于诱惑，造成影响一辈子的后果？

当然是交谈，用关于男孩青春期的新信息、新方式主动与他们谈谈必须知道的那些事。

本书从9个角度为你全新解码正在经历青春期阵痛的男孩——从生理变化到情绪变化，从形体焦虑到性教育、性侵犯，从色情内容到成瘾行为、延迟满足，从暴力游戏到死亡问题……在更新你的认知的同时，还告诉你如何主动与他们交谈，帮助他们健康成长。

《正面管教》

如何不惩罚、不娇纵地有效管教孩子

畅销美国 400 多万册　被翻译为 16 种语言畅销全球
中文版畅销已超 500 万册

自1981年本书第一版出版以来，《正面管教》已经成为管教孩子的"黄金准则"。正面管教是一种既不惩罚也不娇纵的管教方法……孩子只有在一种和善而坚定的气氛中，才能培养出自律、责任感、合作以及自己解决问题的能力，才能学会使他们受益终生的社会技能和人生技能，才能取得良好的学业成绩……如何运用正面管教方法使孩子获得这种能力，就是这本书的主要内容。

简·尼尔森，教育学博士，杰出的心理学家、教育家，加利福尼亚婚姻和家庭执业心理治疗师，美国"正面管教协会"的创始人。曾经担任过10年的有关儿童发展的小学、大学心理咨询教师，是众多育儿及养育杂志的顾问。

[美] 简·尼尔森 著
玉冰 译
北京联合出版公司
定价：38.00 元

《正面管教 A-Z》

日常养育难题的 1001 个解决方案

家庭教育畅销书《正面管教》作者力作
以实例讲解不惩罚、不娇纵管教孩子的"黄金准则"

无论你多么爱自己的孩子，在日常养育中，都会有一些让你愤怒、沮丧的时刻，也会有让你绝望的时候。

你是怎么做的？

本书译自英文原版的第3版（2007年出版），包括了最新的信息。你会从中找到不惩罚、不娇纵地解决各种日常养育挑战的实用办法。主题目录，按照A-Z的汉语拼音顺序排列，方便查找。你可以迅速找到自己面临的问题，挑出来阅读；也可以通读整本书，为将来可能遇到的问题及其预防做好准备。每个养育难题，都包括6步详细的指导：理解你的孩子、你自己和情形，建议，预防问题的出现，孩子们能够学到的生活技能，养育要点，开阔思路。

[美] 简·尼尔森 琳·洛特
斯蒂芬·格伦 著
花莹莹 译
北京联合出版公司
定价：45.00 元

《0～3岁孩子的正面管教》

养育0～3岁孩子的"黄金准则"

家庭教育畅销书《正面管教》作者力作

从出生到3岁，是对孩子的一生具有极其重要影响的3年，是孩子的身体、大脑、情感发育和发展的一个至关重要的阶段，也是会让父母们感到疑惑、劳神费力、充满挑战，甚至艰难的一段时期。

正面管教是一种有效而充满关爱、支持的养育方式，自1981年问世以来，已经成为了养育孩子的"黄金准则"，其理论、理念和方法在全世界各地都被越来越多的父母和老师们接受，受到了越来越多父母和老师们的欢迎。

本书全面、详细地介绍了0～3岁孩子的身体、大脑、情感发育和发展的特点，以及如何将正面管教的理念和工具应用于0～3岁孩子的养育中。它将给你提供一种有效而充满关爱、支持的方式，指导你和孩子一起度过这忙碌而令人兴奋的三年。

无论你是一位父母、幼儿园老师，还是一位照料孩子的人，本书都会使你和孩子受益终生。

[美] 简·尼尔森
　　　谢丽尔·欧文
　　　罗丝琳·安·达菲　著
花莹莹　译
北京联合出版公司
定价：42.00 元

《3～6岁孩子的正面管教》

养育3～6岁孩子的"黄金准则"

家庭教育畅销书《正面管教》作者力作

3～6岁的孩子是迷人、可爱的小人儿。他们能分享想法、显示好奇心、运用崭露头角的幽默感、建立自己的人际关系，并向他们身边的人敞开喜爱和快乐的怀抱。他们还会固执、违抗、令人困惑并让人毫无办法。

正面管教会教给你提供有效而关爱的方式，来指导你的孩子度过这忙碌并且充满挑战的几年。

无论你是一位父母、一位老师或一位照料孩子的人，你都能从本书中发现那些你能真正运用，并且能帮助你给予孩子最好的人生起点的理念和技巧。

[美] 简·尼尔森
　　　谢丽尔·欧文
　　　罗丝琳·安·达菲　著
娟子　译
北京联合出版公司
定价：42.00 元

《十几岁孩子的正面管教》

教给十几岁的孩子人生技能

家庭教育畅销书《正面管教》作者力作
养育十几岁孩子的"黄金准则"

度过十几岁的阶段,对你和你的青春期的孩子来说,可能会像经过一个"战区"。青春期是成长中的一个重要过程。在这个阶段,十几岁的孩子会努力探究自己是谁,并要独立于父母。你的责任,是让自己十几岁的孩子为人生做好准备。

问题是,大多数父母在这个阶段对孩子采用的养育方法,使得情况不是更好,而是更糟了……

本书将帮助你在一种肯定你自己的价值、肯定孩子价值的相互尊重的环境中,教育、支持你的十几岁的孩子,并接受这个过程中的挑战,帮助你的十几岁孩子最大限度地成为具有高度适应能力的成年人。

[美]简·尼尔森
　　　琳·洛特　著
尹莉莉　译
北京联合出版公司出版
定价：35.00元

《正面管教养育工具》

赋予孩子力量、培养孩子能力的49种有效方法

家庭教育畅销书《正面管教》作者力作
不惩罚、不娇纵养育孩子的有效工具

正面管教是一种不惩罚、不娇纵的管教孩子的方式,是为了培养孩子们的自律、责任感、合作能力,以及自己解决问题的能力,让他们学会受益终生的社会技能和人生技能,并取得良好的学业成绩。

1981年,简·尼尔森博士出版《正面管教》一书,使正面管教的理念逐渐为越来越多的人接受并奉行。如今,正面管教已经成了管教孩子的"黄金准则"。其理念和方法已经传播到将近70个国家和地区,包括美国、英国、冰岛、荷兰、德国、瑞士、法国、摩洛哥、西班牙、墨西哥、厄瓜多尔、哥伦比亚、秘鲁、智利、巴西、加拿大、中国、埃及、韩国。由简·尼尔森博士作为创始人的"正面管教协会",如今已经有了法国分会和中国分会。

本书对经过多年实际检验的49个最有效的正面管教养育工具作了详细介绍。

[美]简·尼尔森
　　玛丽·尼尔森·坦博斯基
　　布拉德·安吉　著
花莹莹　杨森　张丛林　林展　译
北京联合出版公司出版
定价：42.00元

《教室里的正面管教》

培养孩子们学习的勇气、激情和人生技能

家庭教育畅销书《正面管教》作者力作
造就理想班级氛围的"黄金准则"
本书入选中国教育新闻网、中国教师报联合推荐
2014年度"影响教师100本书"TOP10

[美] 简·尼尔森 琳·洛特
斯蒂芬·格伦 著
梁帅 译
北京联合出版公司出版
定价：30.00元

很多人认为学校的目的就是学习功课，而各种纪律规定应该以学生取得优异的学习成绩为目的。因此，老师们普遍实行的是以奖励和惩罚为基础的管教方法，其目的是为了控制学生。然而，研究表明，除非教给孩子们社会和情感技能，否则他们学习起来会很艰难，并且纪律问题会越来越多。

正面管教是一种不同的方式，它把重点放在创建一个相互尊重和支持的班集体，激发学生们的内在动力去追求学业和社会的成功，使教室成为一个培育人、愉悦和快乐的学习和成长的场所。

这是一种经过数十年实践检验，使全世界数以百万计的教师和学生受益的黄金准则。

《蒙台梭利教室里的正面管教》

营造具备良好社会-情感氛围的班级环境

家庭教育畅销书《正面管教》作者力作
造就理想班级氛围的"黄金准则"

[美] 简·尼尔森
奇普·德洛伦佐 著
胡海霞 译
北京联合出版公司
定价：56.00元

正面管教是由美国著名心理学家、教育家简·尼尔森博士提出的一种既不惩罚也不骄纵地有效管教孩子的方法。它以个体心理学创始人阿尔弗雷德·阿德勒和鲁道夫·德雷克斯的理念为基础，提倡在和善而坚定的气氛中，培养孩子自律、责任感、合作等优良品格，以及自己解决问题等让孩子受益终生的社会技能和人生技能。

自1981年以来，正面管教已经让全世界数以百万计的孩子、父母和老师受益，被誉为养育孩子的"黄金准则"。

在本书中，尼尔森与资深蒙台梭利教师奇普·德洛伦佐创造性地将正面管教理念和工具运用到蒙台梭利教育和教学活动中，提出了一系列为孩子们准备良好的社会-情感环境，以及处理孩子课堂行为的方法和技巧。

由于简·尼尔森博士的重要贡献，她被美国蒙台梭利协会授予"蒙台梭利创新者奖"（Montessori Innovator Award）。

《正面管教教师指南 A-Z》

教室里行为问题的1001个解决方案

家庭教育畅销书《正面管教》作者力作
以实例讲解造就理想班级氛围的"黄金准则"

[美] 简·尼尔森
　　琳达·埃斯科巴
　　凯特·奥托兰
　　罗丝琳·安·达菲
　　黛博拉·欧文－索科奇　著
郑淑丽　译
北京联合出版公司出版
定价：55.00 元

本书包括两个部分：

第一部分，介绍的是正面管教的基本原理和基本方法，包括鼓励、错误目的、奖励和惩罚、和善而坚定、社会责任感、分派班级事务、积极的暂停、特别时光、班会，等等。

第二部分，是教室里常见的各种行为问题及其处理方法，按照A-Z的汉语拼音顺序排列，以方便查找。你可以迅速找到自己面临的问题，有针对性地阅读，立即解决自己的难题；也可以通读本书，为将来可能遇到的问题及其预防做好准备。

每个行为问题及其解决，基本都包括5个部分：
- 讨论。就一个具体行为问题出现的情形及原因进行讨论。
- 建议。依据正面管教的理论和原则，给出解决问题的建议。
- 提前计划，预防未来的问题。着眼于如何预防问题的发生。
- 用班会解决问题。老师和学生们用班会解决相应问题的真实故事。
- 激发灵感的故事。老师和学生们用正面管教工具解决相关问题的真实故事。

《正面管教教师工具》

造就理想班级氛围的有效工具
让学生掌握社会——情感技能、
取得学业成功的44种有效方法

家庭教育畅销书《正面管教》作者力作

[美] 简·尼尔森
　　凯莉·格夫洛埃尔　著
胡海霞　胡美艳　译
北京联合出版公司出版
定价：45.00 元

如何处理学生的不良行为，是教师们经常会遇到的一个巨大挑战。他们通常的做法是惩罚不良行为，奖励好行为。然而，研究表明，无论惩罚还是奖励，都会降低学生的内在动力、合作精神、自控力，以及独立解决问题的能力。

在本书中，作者将以阿德勒心理学为基础的正面管教方法，具体化为教师们在日常教学中可以实际应用的44个工具，每个工具都有具体的说明和世界各地的教师运用该工具解决问题的实例，以及心理学和各种研究的依据。帮助老师们不惩罚、不娇纵地有效管教班级，解决班级管理中遇到的各种令人头疼的问题，最终培养出孩子们的自律、责任感、合作以及自己解决问题的能力，并取得学业的成功。

《特殊需求孩子的正面管教》

帮助孩子学会有价值的社会和人生技能

家庭教育畅销书《正面管教》作者力作

每一个孩子都应该有一个幸福而充实的人生。特殊需求的孩子们有能力积极成长和改变。

运用正面管教的理念和工具,特殊需求的孩子们就能够培养出一种越来越强的能力,为自己的人生承担起责任。在这个过程中,他们会与自己的家里、学校里和群体里的重要的人建立起深入的、令人满意的、合作的关系,从而实现自己的潜能。

[美] 简·尼尔森 史蒂文·福斯特
艾琳·拉斐尔 著
甄颖 译
北京联合出版公司
定价:32.00元

《单亲家庭的正面管教》

让单亲家庭的孩子健康、快乐、茁壮成长

家庭教育畅销书《正面管教》作者力作
单亲父母养育孩子的"黄金准则"

单亲家庭不是"破碎的家庭",单亲家庭的孩子也不是注定会失败和令人失望的,有了努力、爱和正面管教养育技能,单亲父母们就能够把自己的孩子培养成有能力的、满足的、成功的人,让单亲家庭成为平静、安全、充满爱的家,而单亲父母自己也会成为一位更健康、平静的父母——以及一个更快乐的人。

《单亲家庭的正面管教》是家庭教育畅销书《正面管教》作者简·尼尔森的又一力作。自从《正面管教》于1981年出版以来,正面管教理念已经成为养育孩子的"黄金准则",让全球数以百万计的父母、孩子、老师获益。

《单亲家庭的正面管教》是简·尼尔森博士与另外两位作者详细介绍如何将正面管教的理念和工具用于单亲家庭的一部杰作。

[美] 简·尼尔森 谢丽尔·欧文
卡萝尔·德尔泽尔 著
杨淼 张丛林 林展 译
北京联合出版公司
定价:37.00元

《孩子，把你的手给我》

与孩子实现真正有效沟通的方法

畅销美国 500 多万册的教子经典，以 31 种语言畅销全世界
彻底改变父母与孩子沟通方式的巨著

[美] 海姆·G·吉诺特 著
张雪兰 译
北京联合出版公司
定价：32.00 元

本书自2004年9月由京华出版社自美国引进以来，仅依靠父母和老师的口口相传，就一直高居当当网、卓越网的排行榜。

吉诺特先生是心理学博士、临床心理学家、儿童心理学家、儿科医生；纽约大学研究生院兼职心理学教授、艾德尔菲大学博士后。吉诺特博士的一生并不长，他将其短短的一生致力于儿童心理的研究以及对父母和教师的教育。

父母和孩子之间充满了无休止的小麻烦、阶段性的冲突，以及突如其来的危机……我们相信，只有心理不正常的父母才会做出伤害孩子的反应。但是，不幸的是，即使是那些爱孩子的、为了孩子好的父母也会责备、羞辱、谴责、嘲笑、威胁、收买、惩罚孩子，给孩子定性，或者对孩子唠叨说教……当父母遇到需要具体方法解决具体问题时，那些陈词滥调，像"给孩子更多的爱"、"给她更多关注"或者"给他更多时间"是毫无帮助的。

多年来，我们一直在与父母和孩子打交道，有时是以个人的形式，有时是以指导小组的形式，有时以养育讲习班的形式。这本书就是这些经验的结晶。这是一个实用的指南，给所有面临日常状况和精神难题的父母提供具体的建议和可取的解决方法。

——摘自《孩子，把你的手给我》一书的"引言"

《孩子，把你的手给我（Ⅱ）》

与十几岁孩子实现真正有效沟通的方法

《孩子，把你的手给我》作者的又一部巨著
彻底改变父母与十几岁孩子的沟通方式

[美] 海姆·G·吉诺特 著
张雪兰 译
北京联合出版公司
定价：26.00 元

本书是海姆·G·吉诺特博士的又一部经典著作，连续高踞《纽约时报》畅销书排行榜25周，并被翻译成31种语言畅销全球，是父母与十几岁孩子实现真正有效沟通的圣经。

十几岁是一个骚动而混乱、充满压力和风暴的时期，孩子注定会反抗权威和习俗——父母的帮助会被怨恨，指导会被拒绝，关注会被当做攻击。海姆·G·吉诺特博士就如何对十几岁的孩子提供帮助、指导、与孩子沟通提供了详细、有效、具体、可行的方法。

《孩子，把你的手给我（Ⅲ）》

老师与学生实现真正有效沟通的方法

《孩子，把你的手给我》作者最后一部经典巨著
以31种语言畅销全球
彻底改变老师与学生的沟通方式
美国父母和教师协会推荐读物

[美] 海姆·G·吉诺特 著
张雪兰 译
北京联合出版公司
定价：35.00元

本书是海姆·G·吉诺特博士的最后一部经典著作，彻底改变了老师与学生的沟通方式，是美国父母和教师协会推荐给全美教师和父母的读物。

老师如何与学生沟通，具有决定性的重要意义。老师们需要具体的技巧，以便有效而人性化地处理教学中随时都会出现的事情——令人烦恼的小事、日常的冲突和突然的危机。在出现问题时，理论是没有用的，有用的只有技巧，如何获得这些技巧来改善教学状况和课堂生活就是本书的主要内容。

书中所讲述的沟通技巧，不仅适用于老师与学生、家长与孩子之间的交流，而且也可以灵活运用于所有的人际交往中，是一种普遍适用的沟通技巧。

《如何培养孩子的社会能力》

教孩子学会解决冲突和与人相处的技巧

简单小游戏　成就一生大能力
美国全国畅销书（The National Bestseller）
荣获四项美国国家级大奖的经典之作
美国"家长的选择（Parents'Choice Award）"图书奖

[美] 默娜·B.舒尔
特里萨·弗伊·
迪吉若尼莫 著
张雪兰 译
北京联合出版公司
定价：30.00元

社会能力就是孩子解决冲突和与人相处的能力，人是社会动物，没有社会能力的孩子很难取得成功。舒尔博士提出的"我能解决问题"法，以教给孩子解决冲突和与人相处的思考技巧为核心，在长达30多年的时间里，在全美各地以及许多其他国家，让家长和孩子们获益匪浅。与其他的养育办法不同，"我能解决问题"法不是由家长或老师告诉孩子怎么想或者怎么做，而是通过对话、游戏和活动等独特的方式教给孩子自己学会怎样解决问题，如何处理与朋友、老师和家人之间的日常冲突，以及寻找各种解决办法并考虑后果，并且能够理解别人的感受。让孩子学会与人和谐相处，成长为一个社会能力强、充满自信的人。

默娜·B.舒尔博士，儿童发展心理学家，美国亚拉尼大学心理学教授。她为家长和老师们设计的一套"我能解决问题"训练计划，以及她和乔治·斯派维克（George Spivack）一起所做出的开创性研究，荣获了一项美国心理健康协会大奖、三项美国心理学协会大奖。

《如何培养孩子的社会能力（Ⅱ）》

教8～12岁孩子学会解决冲突和与人相处的技巧

全美畅销书《如何培养孩子的社会能力》作者的又一部力作！
让怯懦、内向的孩子变得勇敢、开朗！
让脾气大、攻击性强的孩子变得平和、可亲！
培养一个快乐、自信、社会适应能力强、情商高的孩子

8～12岁，是孩子进入青春期反叛之前的一个重要时期，是孩子身体、行为、情感和社会能力发展的一个重要分水岭。同时，这也是父母的一个极好的契机——教会孩子自己做出正确决定，自己解决与同龄人、老师、父母的冲突，培养一个快乐、自信、社会适应能力强、情商高的孩子——以便孩子把精力更多地集中在学习上，为他们期待而又担心的中学生活做好准备。

本书详细、具体地介绍了将"我能解决问题"法运用于8～12岁孩子的方法和效果。

[美]默娜·B.舒尔 著
刘荣杰 译
北京联合出版公司
定价：35.00元

《如何培养孩子的社会能力（Ⅲ）》

荣获美国4项心理学大奖的"我能解决问题"法
在107个情景中的运用

教孩子学会解决冲突和与人相处的技巧

这是全美畅销书《如何培养孩子的社会能力》作者默娜·B.舒尔博士的又一部力作。在本书中，舒尔博士将荣获美国4项心理学大奖的"我能解决问题"法运用到孩子生活中的107个重要情景，围绕处理感受、处理并预防问题、在家里培养孩子与人相处的能力、培养人生技能四个主题，向父母们介绍如何培养孩子解决冲突和与人相处的能力和技巧。

社会能力就是孩子解决冲突和与人相处的能力，人是社会动物，没有社会能力的孩子很难取得成功。

舒尔博士提出的"我能解决问题"法，以教给孩子解决冲突和与人相处的思考技巧为核心，在长达30多年的时间里，在美国各地以及世界其他国家，让家长和孩子们获益匪浅。

[美]默娜·B.舒尔 著
陆新爱 译
北京联合出版公司
定价：50.00元

《如何读懂孩子的行为》

理解并解决孩子各种行为问题的方法

孩子为什么不好好吃、不好好睡？为什么尿床、随地大便？为什么说脏话？为什么撒谎、偷东西、欺负人？为什么不学习？……这些行为，都是孩子在以一种特殊的方式与父母沟通。

当孩子遇到问题时，他们的表达方式十分有限，往往用行为作为与大人沟通的一种方式……如何读懂孩子这些看似异常行为背后真实的感受和需求，如何解决孩子的这些问题，以及何时应该寻求专业帮助，就是本书的主要内容。

安吉拉·克利福德-波斯顿（Andrea Clifford-Poston），教育心理治疗师、儿童和家庭心理健康专家，在学校、医院和心理诊所与孩子和父母们打交道30多年；她曾在查林十字医院（Charing Cross Hospital，建立于1818年）的儿童发展中心担任过16年的主任教师，在罗汉普顿学院（Roehampton Institute）担任过多年音乐疗法的客座讲师，她还是《泰晤士报》"父母论坛"的长期客座专家，为众多儿童养育畅销杂志撰写专栏和文章，包括为"幼儿园世界（Nursery World）"撰写了4年专栏。

[美] 安吉拉·克利福德-波斯顿 著
王俊兰 译
北京联合出版公司
定价：32.00元

《帮助你的孩子爱上阅读》

0～16岁亲子阅读指导手册

没有阅读的童年是贫乏的——孩子将错过人生中最大的乐趣之一，以及阅读带来的巨大好处。

阅读不但是学习和教育的基础，而且是孩子未来可能取得成功的一个最重要的标志——比父母的教育背景或社会地位重要得多。这也是父母与自己的孩子建立亲情心理联结的一种神奇方式。

帮助你的孩子爱上阅读，是父母能给予自己孩子的一份最伟大的礼物，一份将伴随孩子一生的爱的礼物。

这是一本简单易懂而且非常实用的亲子阅读指导手册。作者根据不同年龄的孩子的发展特征，将0～16岁划分为0～4岁、5～7岁、8～11岁、12～16岁四个阶段，告诉父母们在各个年龄阶段应该如何培养孩子的阅读习惯，如何让孩子爱上阅读。

[美] 爱丽森·戴维 著
宋苗 译
北京联合出版公司
定价：26.00元

《培养孩子大能力的 210 个活动》

让孩子具备在学校和人生中取得成就的品质

畅销美国 30 余万册 被 4000 多所幼儿园和小学采用

这是一本实用的家庭教育指南,专门为 3~12 岁的孩子设计,通过 210 个简单易行、有用有趣的活动,让孩子具备在学校和人生中取得成就的 12 种大能力:自信、积极性、努力、责任感、首创精神、坚持不懈、关爱、团队协作、常识、解决问题、专注、尊重。

美国前国务卿希拉里·克林顿、美国儿童权益保护协会创始人兼会长阿诺德·菲格、耶鲁大学心理学教授爱德华·齐格勒博士等权威人士人对本书赞誉有加。自出版以来,本书已经在美国卖出 30 多万册,被 4000 多所幼儿园和小学采用。

[美] 多萝茜·里奇 著
蒋玉国 陈吟静 译
北京联合出版公司
定价:45.00 元

以上图书各大书店、书城、网上书店有售。
团购请垂询:010-65868687 13910966237
Email: marketing@tianluebook.com

更多畅销经典图书,请关注天略图书微信公众号"天略童书馆"、天猫商城"天略图书旗舰店"(https://tianluetushu.tmall.com/)及小红书账号"天略图书"。

| 小红书 | 微信公众号 | 微店 |